汽车维修工具使用指南丛书

陈甲仕 ◎ 主编

汽车万用表使用指南

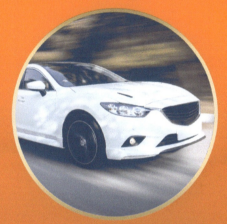

机械工业出版社
CHINA MACHINE PRESS

本书是为汽车电子技术初学者量身打造的入门宝典，编写宗旨是让初学者一看就懂、一学就会。全书全面讲解了指针式万用表、数字式万用表的使用方法与各类电子元器件的检测方法，以及汽车传感器、汽车执行器、汽车电控单元、交流发电机、起动机的检修知识。此外，还介绍了新能源汽车检测万用表的基础知识。全书运用图解的形式进行内容编排，重点介绍了万用表实用技术，详细讲解了操作步骤，特别突出技能、技巧，做到手把手教您快速学会用万用表检测的技术，并能够灵活运用。

图书在版编目（CIP）数据

汽车万用表使用指南/陈甲仕主编．—北京：机械工业出版社，2020.9
（汽车维修工具使用指南丛书）
ISBN 978-7-111-67159-6

Ⅰ.①汽⋯　Ⅱ.①陈⋯　Ⅲ.①汽车-复用电表-检测-指南　Ⅳ.①U463.6-62

中国版本图书馆 CIP 数据核字（2020）第 262248 号

机械工业出版社（北京市百万庄大街 22 号　邮政编码 100037）
策划编辑：连景岩　责任编辑：连景岩　丁　锋
责任校对：陈　越　封面设计：马精明
责任印制：常天培
北京虎彩文化传播有限公司印刷
2021 年 2 月第 1 版第 1 次印刷
169mm×239mm・9.25 印张・213 千字
0 001—1 900 册
标准书号：ISBN 978-7-111-67159-6
定价：69.00 元

电话服务　　　　　　　　网络服务
客服电话：010-88361066　　机　工　官　网：www.cmpbook.com
　　　　　010-88379833　　机　工　官　博：weibo.com/cmp1952
　　　　　010-68326294　　金　书　网：www.golden-book.com
封底无防伪标均为盗版　　机工教育服务网：www.cmpedu.com

前 言

随着汽车电子技术的飞速发展,汽车的智能化程度越来越高。汽车上使用了很多电子元器件,它们大部分可以通过万用表来检测判断其工作性能。为了让广大汽车电气维修人员更好地掌握用万用表修车的知识,我们特意编写了本书,以满足大家的学习需要。

本书全彩印刷,采用图解的形式进行内容编排,全面讲解了指针式万用表、数字式万用表的使用方法与各类电子元器件的检测方法,以及汽车传感器、汽车执行器、汽车电控单元、交流发电机、起动机的检修知识。此外,还介绍了新能源汽车检测万用表的基础知识。全书重点介绍了万用表实用技术,详细讲解了操作步骤,特别突出技能、技巧。本书图文结合、易学实用、通俗易懂,能够学以致用,可供汽车电气技术人员、初学者以及汽车维修人员阅读,也可供相关专业的院校师生参考。

本书由陈甲仕主编,参加编写的人员有陈柳、黄容。在本书编写过程中,得到了许多汽车维修企业以及广大技师朋友的大力支持和协助,在此表示诚挚的感谢!

由于编者水平有限,书中难免有疏漏之处,恳请广大读者批评指正,以便再版时补充完善。

编 者

目 录

前 言

▶ **第1章 万用表概述 \\1**
    1.1 万用表的种类 \\1
    1.2 万用表的功能 \\2

▶ **第2章 指针式万用表的结构与操作方法 \\4**
    2.1 指针式万用表的结构 \\4
    2.2 指针式万用表的操作方法 \\13

▶ **第3章 数字式万用表的结构与操作方法 \\18**
    3.1 数字式万用表的结构 \\18
    3.2 数字式万用表的操作方法 \\22

▶ **第4章 电路检测 \\26**
    4.1 电流检测 \\26
    4.2 电压检测 \\29
    4.3 电阻检测 \\35

▶ **第5章 电子元器件检测 \\43**
    5.1 电容检测 \\43
    5.2 电感检测 \\48
    5.3 二极管检测 \\53
    5.4 晶体管检测 \\57
    5.5 晶闸管检测 \\65
    5.6 发光二极管检测 \\71

▶ **第6章 汽车传感器检测 \\73**
    6.1 曲轴位置传感器 \\73
    6.2 凸轮轴位置传感器 \\77
    6.3 爆燃传感器 \\78

6.4　氧传感器 \\ 82
6.5　进气压力传感器 \\ 85
6.6　空气流量传感器 \\ 87
6.7　冷却液温度传感器 \\ 89
6.8　进气温度传感器 \\ 90
6.9　节气门位置传感器 \\ 91

第 7 章　汽车执行器检测 \\ 96

7.1　继电器 \\ 96
7.2　喷油器 \\ 98
7.3　电动燃油泵 \\ 101
7.4　点火电路 \\ 104

第 8 章　汽车电控系统检测 \\ 108

8.1　汽车电控单元检测 \\ 108
8.2　汽车电控系统电路检测 \\ 114

第 9 章　交流发电机检测 \\ 119

9.1　交流发电机的结构原理 \\ 119
9.2　交流发电机的检测方法 \\ 123

第 10 章　起动机检测 \\ 126

10.1　起动机的结构原理 \\ 126
10.2　起动机的检测方法 \\ 127

第 11 章　新能源汽车检测万用表 \\ 132

11.1　概述 \\ 132
11.2　操作方法 \\ 135

参考文献 \\ 141

第 1 章 万用表概述

1.1 万用表的种类

万用表主要分为指针式万用表和数字式万用表两种,它们的具体特点如下。

1. 指针式万用表

指针式万用表又称模拟式万用表,它利用一个灵敏的磁电式直接电流表(微安表)作为表盘(俗称表头)。测量时通过表头下面的功能旋钮设置不同的测量项目和档位,并通过表头指针指示的方式直接在表盘上显示测量的结果。其最大的特点就是能够直观地测量出电流、电压、电阻等参数的变化过程和变化方向。

图 1-1 所示为典型的 MF-47 指针式万用表的外形结构。

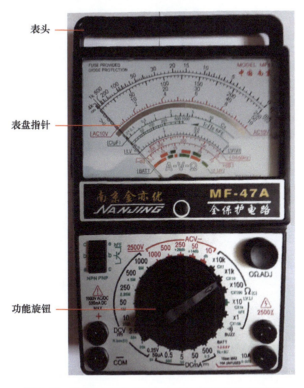

图 1-1 典型的 MF-47 指针式万用表的外形结构

2. 数字式万用表

数字式万用表又称数字多用表,它采用先进的数字显示技术。测量时,通过液晶显示屏下面的功能旋钮设置不同的测量项目和档位，并通过液晶显示屏直接将所测的电压、电流、电阻等测量结果显示出来。其最大的特点就是显示清晰、直观、读数准确，既保证了读数的客观性，又符合人们的读数习惯。

图 1-2 所示为典型的数字式万用表的外形结构。

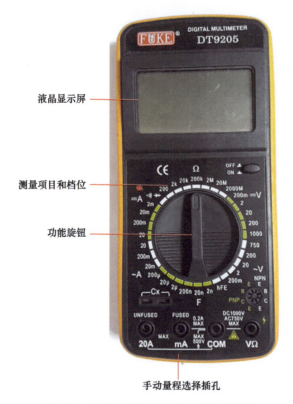

图 1-2　典型的数字式万用表的外形结构

1.2　万用表的功能

1. 指针式万用表的测量功能

指针式万用表是一种多功能、多量程的测量仪表，一般可测量直流电流、直流电压、交流电流、交流电压、电阻（图 1-3）和音频电平等，有的还可以测量交流电流、电容量、电感量及半导体的一些参数。

2. 数字式万用表的测量功能

数字式万用表最基本的功能就是测量电压、电流、电阻（图 1-4）等。典型的直流电压源是汽车上用的蓄电池。交流电压通常由发电机产生。最常见的交流电压源是家中墙上的插座。一些装置将交流电转变为直流电。例如，电视、音响、计算机等电子设备通过插在墙上插座的整流器，把交流电转变为直流电。直流电压是这些电子设备所需的电源。测试电压,通常是解决电路问题时第一步要做的工作。如果没有电压或电压过低、过高,在进一步检查之前,首先要解决电源问题。

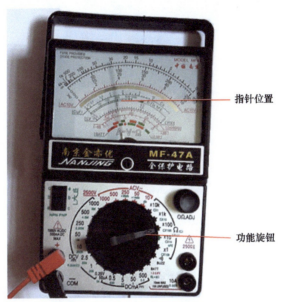

图 1-3　指针式万用表测量电阻

a)测量电阻功能　　　　　　　　b)测量电压功能

图 1-4　数字式万用表测量功能

第 2 章 指针式万用表的结构与操作方法

2.1 指针式万用表的结构

1. 指针式万用表的结构特点

指针式万用表从外观上大致可以分为刻度盘、功能旋钮、元器件检测孔以及表笔插孔等几部分（图 2-1）。其中刻度盘用来显示测量的读数，功能旋钮用来控制万用表，元器件检测孔用来连接被测晶体管等元器件，表笔插孔用来连接万用表笔。

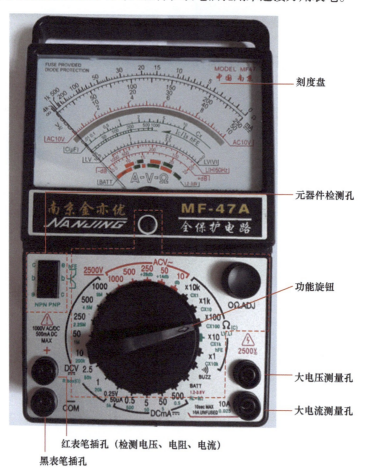

图 2-1 指针式万用表的结构

指针式万用表的表笔是其重要的组成部分，在检测时，需要使用表笔与被测部位连接，从而将检测数据传送到指针式万用表。MF-47 指针式万用表的表笔如图 2-2 所示。

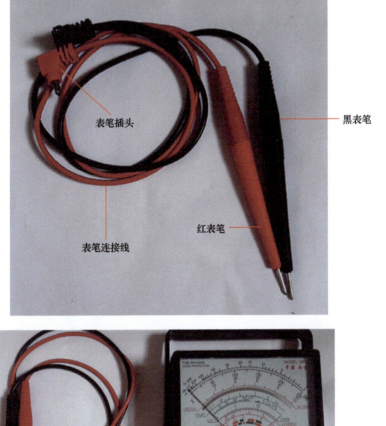

图 2-2　MF-47 指针式万用表的表笔

　　有些指针式万用表为了方便检测、读数和携带，设有固定支架和提手。MF-47 指针式万用表的提手也是固定支架，主要是通过调整提手的位置来改变它的支撑位置，如图 2-3 所示。

a）固定支架状态

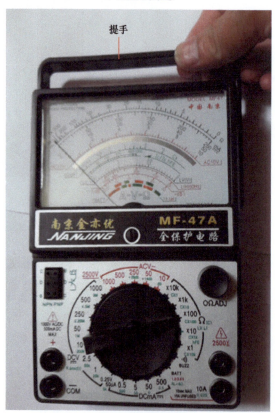

b）指针式万用表的提手

图 2-3　指针式万用表的固定支架/提手

　　MF-47 指针式万用表的供电是由电池提供的，电池一般位于电池仓内，包括一节 9V 的电池以及一节 2 号的 1.5V 电池，如图 2-4 所示。

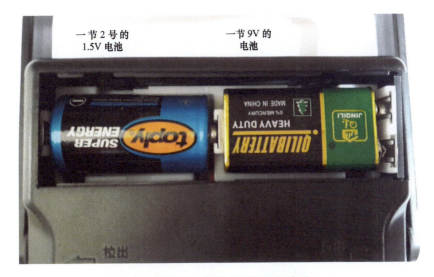

图 2-4 指针式万用表的电池

2. 指针式万用表的键钮及功能介绍

指针式万用表的功能很多，在检测中主要是通过其不同的功能档位来实现的，因此在使用万用表前，应熟悉万用表的键钮分布以及各个键钮的功能。万用表的键钮分布以及各个键钮的功能，如图 2-5 所示。

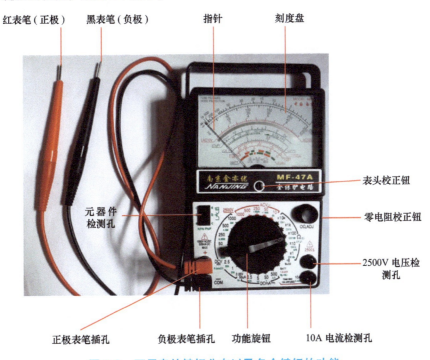

图 2-5 万用表的键钮分布以及各个键钮的功能

指针式万用表主要由刻度盘、指针、表头校正钮、元器件检测孔、零电阻校正钮、功能旋钮、表笔插孔、2500V 交直流电压检测孔、10A 电流检测孔以及表笔组成。

（1）刻度盘和指针

指针式万用表的功能很多，因此表盘上通常有许多刻度线和刻度值以及单位，并通过指针显示所检测的数值。指针式万用表的刻度盘如图 2-6 所示。

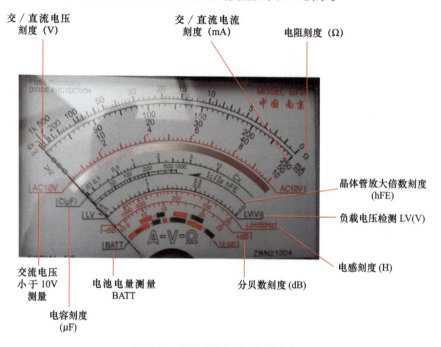

图 2-6 指针式万用表的刻度盘

MF-47 指针式万用表的刻度盘有 9 条刻度线，这些刻度线是以同心弧线的方式排列的，每一条刻度线上还标识了许多刻度值，见表 2-1。

表 2-1 MF-47 指针式万用表刻度盘的刻度线

项目	内容
电阻刻度（Ω）	电阻刻度线位于表盘的最上面（第一条线），其右侧有"Ω"标识，电阻刻度值从右到左，由疏到密，刻度值最右侧为 0，最左侧为无穷大
交/直流电压和直流电流刻度（V̠）	交/直流电压刻度线是刻度盘的第二条线，左侧标识为"V̠"，表示这条线是测量交流电压和直流电压时所需读取的刻度。0 位在左侧，下方有 3 排刻度值与刻度相对应。AC 10V 指的是当测量的交流电压小于 10V 时，应将功能旋钮旋到交流 10V 档，指针摆动在红色刻度线所对应的数值即为电压值
电流刻度（mA）	直流与交/直流电压共用一条刻度线，右侧标识"mA"，表示这条线是测量电流时所需读取的刻度，0 位在线的左侧
电容刻度（μF）	电容（μF）刻度是刻度盘的第四条线，在左侧标有"C(μF)"标识，"C"表示电容，"μF"表示电容单位

（续）

项目	内容
晶体管放大倍数刻度（hFE）	晶体管放大倍数刻度是刻度盘的第五条线，在右侧标有"hFE"，其0位在刻度盘左侧。指针式万用表的最终晶体管放大倍数测量值为相应的指针读数
负载电压检测 LV（V）	负载电压检测刻度是刻度盘的第六条线，它可检测半导体二极管和晶体管上的电压
电感刻度（H）	电感刻度线是刻度盘的第七条线，在右侧标有"L(H)50Hz"的标识，表示检测电感时需要在50Hz交流信号的条件下进行，方可通过该刻度盘进行读数，其中"(H)"表示电感的单位为H
分贝数刻度（dB）	分贝数刻度是表盘的第八条线，在它的两侧都标有"dB"，刻度线两端的"-10"和"+22"表示其量程范围，主要是用于测量放大器的增益或衰减值
电池电量测量 BATT	电池电量刻度是刻度盘最下面第九条线，用来测试电池的好坏，并显示电池输出电压

（2）表头校正钮

如图 2-7 所示，表头校正钮（机械调零螺钉）位于表盘下方的中央位置，用于进行万用表的机械调零。正常情况下，指针式万用表的表笔开路时，表的指针应在左侧 0 刻度线的位置。如果指针不在 0 刻度线的位置，就必须进行机械调零，使万用表指针能够准确地指在 0 位，确保测量数据的准确。

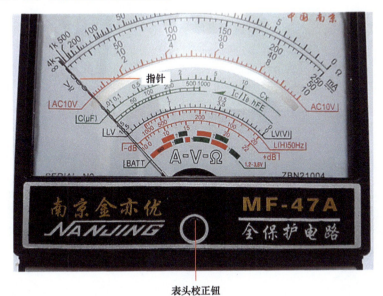

图 2-7　万用表的机械调零螺钉

如图 2-8 所示，调整时使用一字螺钉旋具插入机械调零螺钉内，然后观察指针的位置，调整到合适位置即可。

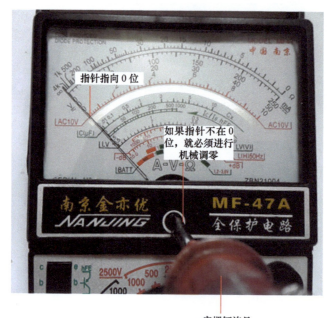

图 2-8 机械调零

(3) 零电阻校正钮

零电阻校正钮位于表盘下方,主要是用于调整万用表测量电阻时的准确度,调整时通过旋转零电阻校正钮使指针式万用表的指针指向零位置。在使用指针式万用表测量电阻前应进行零电阻调整,将万用表的两只表笔短接,观察万用表指针是否指向0Ω,若指针不能指向0Ω,用手旋转零电阻校正钮,直至指针指向0Ω位置,如图2-9所示。

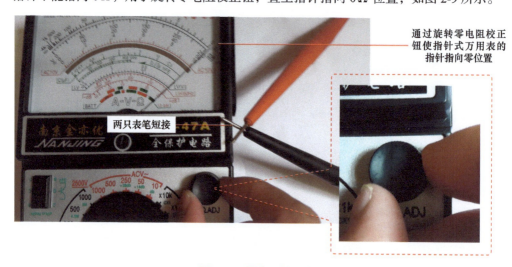

图 2-9 零电阻校正钮

（4）元器件检测孔

指针式万用表的面板左侧有两组测量端口，是专门用来对晶体管的放大倍数 hFE 进行检测的，如图 2-10 所示。

元器件检测孔上的两组测量端口都是由 3 个并排的小插孔组成的，标识有"c"（集电极）、"b"（基极）、"e"（发射极），分别对应两组端口的三个小插孔，用于检测 NPN 晶体管和 PNP 晶体管。

检测时首先将万用表的功能旋钮旋至"hFE"档位，然后将待测晶体管的三个引脚依标识插入三个小插孔中即可。

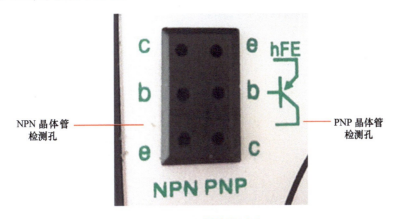

图 2-10　元器件检测孔

（5）功能旋钮

功能旋钮位于指针式万用表面板中央，在其四周有测量功能及测量范围，通过旋转功能旋钮即可选择不同的测量项目以及测量档位，如图 2-11 所示。

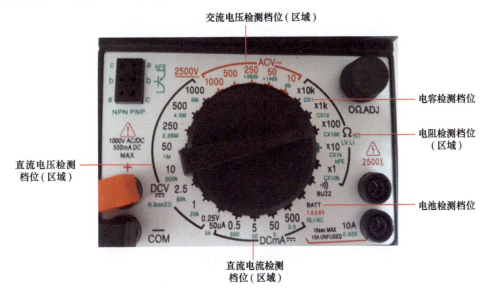

图 2-11　指针式万用表功能旋钮

在功能旋钮的周围有量程刻度盘,每一个测量项目中都标识出了该项目的测量量程,见表 2-2。

表 2-2 量程刻度盘

项目	内容
交流电压检测档位 ACV(区域)(V)	测量交流电压时选择该档位,根据被测的电压值,可调整的量程范围为 10V、50V、250V、500V、1000V、2500V
分贝检测档位(dB)	分贝检测档位同 ACV 为同一个区域,测量分贝时选择该档位,根据被测的分贝值,可调整的量程范围为 dB、+14dB、+28dB
电阻检测档位(区域)(Ω)	测量电阻时选择该档位,根据被测电阻的大小,可调整的量程范围为 ×1、×10、×100、×1k、×10k
电容检测档位(C)(区域)	检测电容时选择该档位,根据被测电容的大小,可调整的量程范围为 C×10k、C×1k、C×100、C×10、C×1
LV. LI 检测档位	测量负载电压 LV(V)和负载电流(LI)
晶体管放大倍数检测档位(区域)	在指针式万用表的电阻检测区域可以看到有一个 hFE 档位,该档位主要用于测量晶体管的放大倍数
音频档 BUZZ	在指针式万用表可以看到有一个 BUZZ 档位,该档位主要用于测量音频
电池测量 BATT	在指针式万用表可以看到有一个 BATT 档位,该档位主要用于测量电池
直流电流检测档位(区域)	测量直流电流时选择该档位,根据被测的电流值,可调整的量程范围为 0.05mA、0.5mA、5mA、50mA、500mA、10A
直流电压检测档位(区域)	测量直流电压时选择该档位,根据被测的电压值,可调整的量程范围为 0.25V、1V、2.5V、10V、50V、250V、500V、1000V

(6)表笔插孔

在指针式万用表面板的最下端一般有 2~4 个插孔(图 2-12),用来与万用表表笔相连。每个插孔都用文字或符号进行标识。"2500V"是测量交/直流电压的专用插孔,插孔标识的文字表示所测量的最大电压值为 2500V。"10A"是测量电流的专用插孔,该插孔标识的文字表示所测最大电流值为 10A。"+"与万用表的红色表笔相连,"COM"与万用表的黑色表笔相连(有的万用表也用"-"表示负极)。

图 2-12 表笔插孔

2.2 指针式万用表的操作方法

1. 连接表笔

指针式万用表有红表笔和黑表笔两只,测量时将红表笔插到"+",黑色表笔插到"-"或"COM"插孔,如图 2-13 所示。

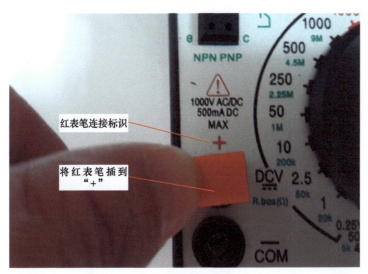

a) 将红表笔插到"+"

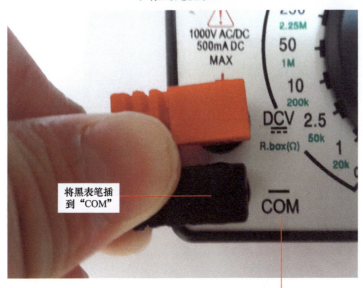

b) 将黑表笔插到"COM"

图 2-13 连接表笔

当检测大电压时,需要将红表笔插在"2500V"插孔,如图 2-14a 所示。当检测大电流时,需要将红表笔插在"10A"插孔,如图 2-14b 所示。

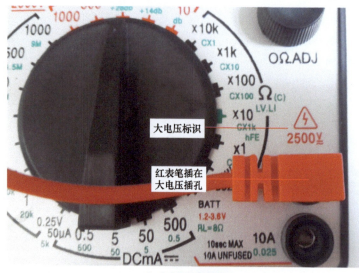

a)大电压检测插孔

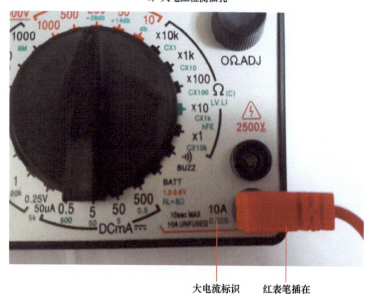

b)大电流检测插孔

图 2-14 大电压、大电流检测插孔

2. 表头校正

指针式万用表在非测量状态时,表的指针应指在"0"位置,如图 2-15 所示。如果指针没有指在"0"位置,可用一字螺钉旋具旋转表头校正钮来微调,让指针指在"0"位置,如图 2-16 所示。

图 2-15　表的指针位置

图 2-16　表头校正

3. 设置测量状态

根据测量的需要，无论测量电流、电压，还是电阻，都应旋动指针式万用表的功能旋钮，将万用表调整到相应的测量状态，如图 2-17 所示。

检测电阻，将功能旋钮旋到"×1k"电阻档

图 2-17　设置测量状态

4. 零电阻调整

测量电阻前要进行零电阻调整。首先将功能旋钮旋到待测电阻的量程范围（图 2-18），然后将两支万用表相互短接，此时万用表指针应指向 0Ω（表盘的右侧位置，电阻刻度值的 0），如图 2-19 所示。

图 2-18　功能旋钮旋到电阻档

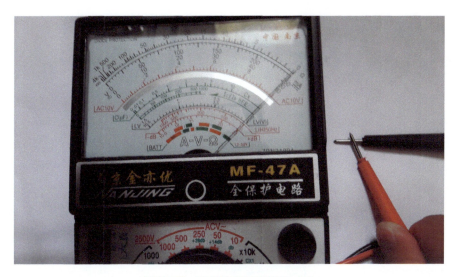

图 2-19　万用表指针应指向 0Ω

如果不在 0Ω 处,就需要调整调零电阻校正钮,使万用表指针指向 0Ω 刻度线,如图 2-20 所示。

图 2-20　零电阻调整

第 3 章 数字式万用表的结构与操作方法

3.1 数字式万用表的结构

1. 数字式万用表的结构特点

数字式万用表是一种采用液晶显示屏显示测试结果的万用表。数字式万用表与指针式万用表相比,更加灵敏、准确,它凭借更简单的操作和直观的读数而得到广泛的应用。

数字式万用表是最常见的仪表,它的使用与指针式万用表相类似,但其外观、结构与指针式万用表有一定的差异。以 DT9205 数字式万用表为例,它的结构如图 3-1 所示。

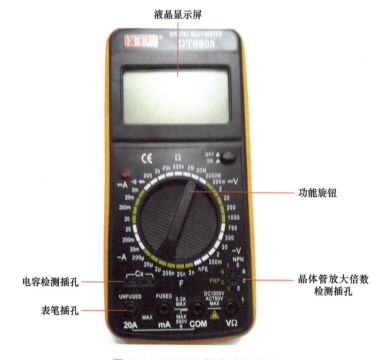

图 3-1　DT9205 数字式万用表

2. 数字式万用表的键钮分布

数字式万用表外部结构与指针式万用表最明显的区别在于采用液晶显示屏代替了指针和刻度盘。其键钮部分与指针式万用表大同小异。DT9205 数字式万用表键钮分布如图 3-2 所示。

第3章 | 数字式万用表的结构与操作方法

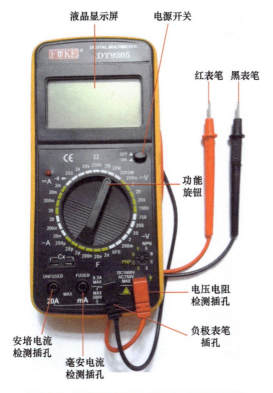

图 3-2　DT9205 数字式万用表键钮分布

数字式万用表主要由液晶显示屏、电源开关、功能旋钮、表笔插孔以及表笔等组成。

（1）液晶显示屏

液晶显示屏用来显示检测数据（图 3-3）、数据单位、表笔插孔指示、安全警告提示等信息。

图 3-3　显示检测数据

若数字式万用表检测到数值超过设置量程,则液晶显示屏将显示"1",如图3-4所示。当液晶显示屏显示"1"时要立即停止测量,并换用高一级的量程,避免损坏数字式万用表。

图 3-4　液晶显示屏显示"1"

(2)电源开关

电源开关上有"ON/OFF"(图3-5)或"POWER"标识,用于打开或关断数字式万用表的供电电源。在使用完万用表时应关闭电源开关,以节约电能。

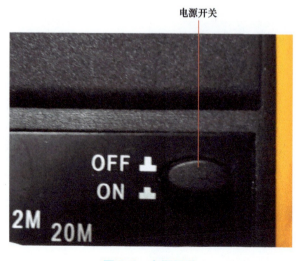

图 3-5　电源开关

（3）功能旋钮

如图3-6所示，数字式万用表的功能旋钮与指针式万用表的功能旋钮相似，测量功能包括对电压、电流、电阻、电容、二极管、晶体管等的测量。

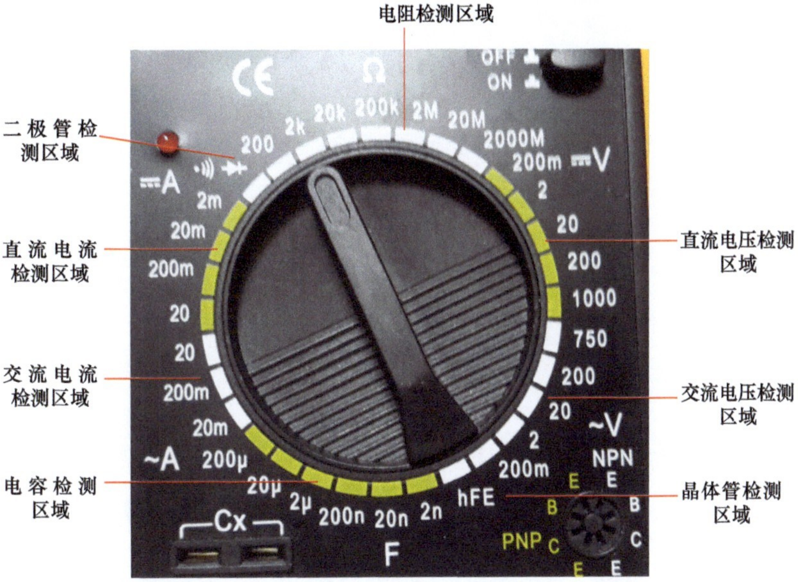

图3-6 功能旋钮

（4）表笔插孔

数字式万用表的表笔插孔主要用于连接表笔的引线插头，如图3-7所示。如测量电流时红表笔连接"FUSED"插孔或"UNFUSED"插孔，测量电阻或电压时红表笔连接"VΩ"插孔，黑表笔连接"COM"插孔。电容和晶体管放大倍数的测量有专用的插孔。

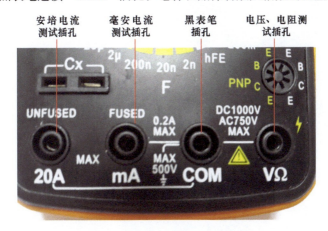

图3-7 数字式万用表的表笔插孔

（5）表笔

数字式万用表的表笔分别使用红色和黑色标识（图3-8），用于待测电路元器件和万用表之间的连接。

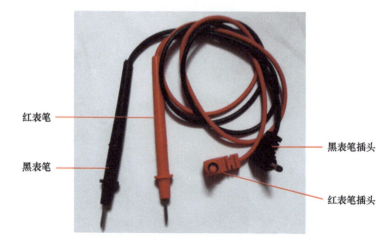

图 3-8　表笔

3.2　数字式万用表的操作方法

1. 连接表笔

1）测量电压及电阻时，黑色表笔插到"COM"插孔，红色表笔插到电压、电阻测试插孔，如图 3-9 所示。

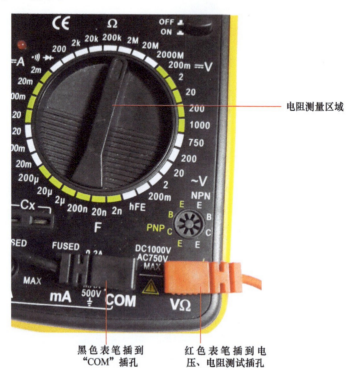

图 3-9　测量电压及电阻时的连接

2）测量电流时，黑色表笔插到"COM"插孔，红表笔插到毫安电流测试插孔或安培电流测试插孔中（图3-10）。注意，安培电流测试插孔是测量大电流的插孔。

图3-10　测量电流时的连接

2. 功能设定

数字式万用表使用之前不用像指针式万用表那样需要表头校正和零电阻调整，它只需要根据测量的需要，调整万用表的功能旋钮，将万用表调整到相应的测量状态。如图3-11所示，设置数字式万用表的档位至"Ω"档区域。数字式万用表设置量程时，应尽量选择大于待测参数，但最接近的档位。当选择量程范围小于待测参数时，万用表液晶显示屏就会显示"1"，表示超范围；若选择量程过大，则会导致读数不准确。当不知道待测元器件数据的范围时，则可以选用大量程，然后再选择小一点的量程，直到达到合适量程为止。

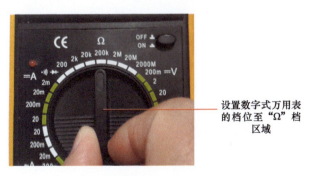

图3-11　设置数字式万用表的档位至"Ω"档区域

3.数字式万用表的开启与关闭

（1）数字式万用表的开启

电源开关常位于液晶显示屏的下方、功能旋钮的上方，当按下电源开关时，液晶显示屏显示数字及标识等信息，如图 3-12 所示。

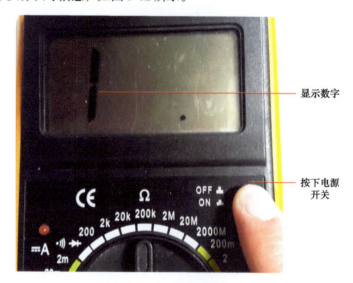

图 3-12　开启电源开关

（2）数字式万用表的关闭

再次按下电源开关，液晶显示屏无任何显示，则表明数字式万用表已关闭，如图 3-13 所示。

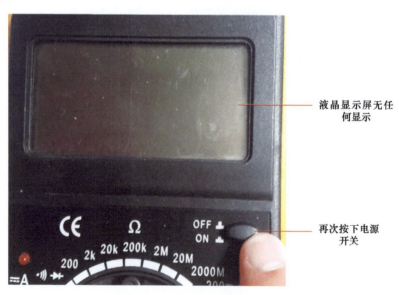

图 3-13　再次按下电源开关

4. 测量结果的识读

如图 3-14 所示,在数字式万用表显示屏中读取测量结果,同时还应注意数值和单位,有时还会显示读取功能以及提示信息。

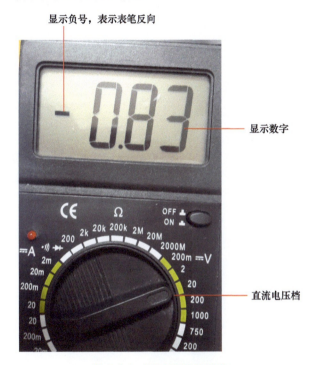

图 3-14　测量结果的识读

第 4 章 电路检测

4.1 电流检测

1. 指针式万用表检测直流电流的方法

用指针式万用表检测直流电流时,应根据实际电流选择合适的直流电流量程,然后断开被测电路,将万用表的红表笔(正极)接电路正极,黑表笔(负极)接电路负极,串入被测电路中,此时即可通过指针的位置读出被测量的直流电流值。指针式万用表检测直流电流的方法如图 4-1 所示。

在直流电流档位中,有 5 个电流测量档位,适用于不同的测量范围

直流电流档的档位标识

图 4-1 用指针式万用表检测直流电流的方法

用指针式万用表检测蓄电池直流电流的方法如图 4-2 所示。

指针式万用表的量程为 5mA,指针走了 33 格,因此本次测量的电流值为 5mA÷50 格 ×33 格 =3.3mA

图 4-2 用万用表检测直流电流

2. 数字式万用表检测直流电流的方法

用数字式万用表检测直流电流时，应根据实际电路选择合适的直流电流量程，然后断开被测电路，将万用表的红表笔（正极）接电路正极，黑表笔（负极）接电路负极，串入被测电路中，此时即可通过显示屏读出被测量的直流电流值。用数字式万用表检测直流电流的操作方法如下。

1）将功能旋钮旋至"DCV"区域内恰当的电流量程档，如图4-3所示。

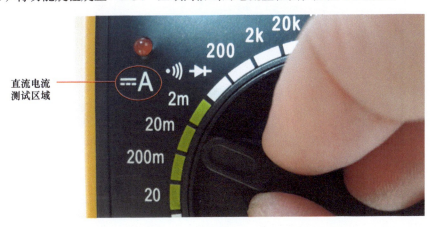

图4-3 将功能旋钮调整至"DCV"电流区域

2）如图4-4所示，将黑表笔插入"COM"插孔，如果最大被测电流为200mA，红笔表应插在"mA"孔内；如果最大被测电流为20A，红表笔则应插在"20A"孔内，并且测量时，两表笔串联在电路中。

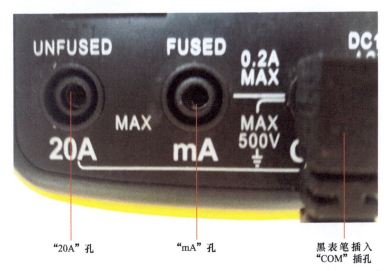

图4-4 红表笔插孔位置

3）将电源开关"OFF/ON"按下，直到液晶显示屏显示，此时即可测量直流电流；当再次将电源开关"OFF/ON"按下，将关闭数字式万用表。

注意：若使用20A直流电流档测量时显示"1"（图4-5），说明输入值超过测量范围，应立即中断测量；此外，由于20A插孔没有熔丝，测量时间应小于15s。

图4-5　超过测量范围

3. 数字式万用表检测交流电流的方法

用数字式万用表检测交流电流时，应根据实际电路选择合适的交流电流量程，然后断开被测电路，将万用表串联在被测电路中，此时即可通过显示屏读出被测量的交流电流值。用数字式万用表检测交流电流的操作方法如下。

将功能旋钮旋至"ACV"区域内恰当的电流量程档，如图4-6所示。其余的操作与测量直流电流相同。

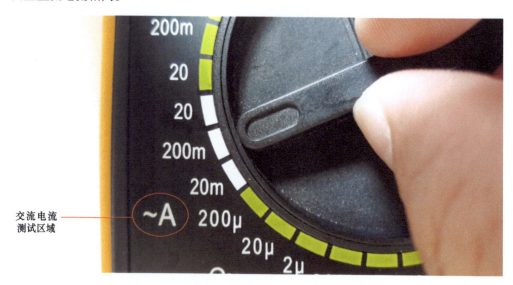

图4-6　将功能旋钮调整至"ACV"电流区域

4.2 电压检测

1. 指针式万用表检测直流电压的方法

1）用指针式万用表检测直流电压时，应根据实际电路选择合适的直流电压量程，如调整直流电压量程为"10V"（图4-7）。

直流电压档的档位标识　　在直流电压档中有8个档位，不同的档位测量范围不同

图4-7　直流电压量程

2）将万用表的黑表笔搭在电池的负极端，红表笔搭在电池的正极端，此时观察指针式万用表指针的读数即可读出电压值（1.5V），如图4-8所示。在有条件的情况下，最好在电池的两个电极之间接100Ω/W的负载电阻，等效电池在有负载的情况下工作。在电路中检测直接电压时，调整完量程后，应将万用表并联接入电路负载元件中，即将黑表笔搭在负载的负极上，红表笔搭在正极上即可读取负载元件的供电电压值。

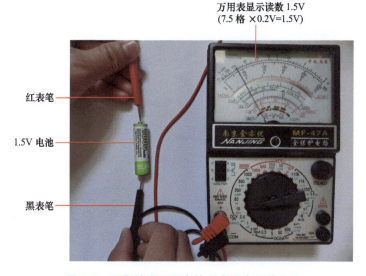

图4-8　用指针式万用表检测直流电压的方法

2. 指针式万用表检测交流电压的方法

1)用指针式万用表检测交流电压时,应根据实际电路选择合适的交流电压量程,如调整交流电压量程为"250V"(图4-9)。

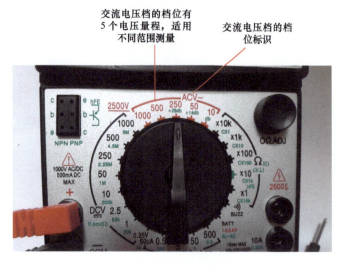

图4-9 交流电压量程

2)将万用表的表笔接入电源插座的两个孔内,此时可以通过指针式万用表指针指示的刻度值读出测量的电压值,如图4-10所示。

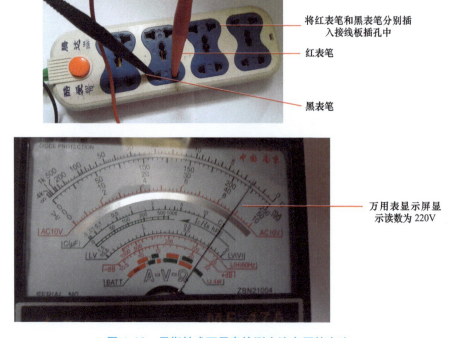

图4-10 用指针式万用表检测交流电压的方法

3. 数字式万用表检测直流电压的方法

用数字式万用表检测直流电压时,应根据实际电路选择合适的直流电压量程,然后将万用表的黑表笔接电源(或负载元件)的负极,红表笔接电源(或负载元件)的正极,此时可以通过数字式万用表的显示屏读出测量的电压值。具体数字式万用表检测直流电压的方法如下。

1)将功能旋钮旋至"DCV"区域内恰当的电压量程档,如图4-11所示。

图4-11 将功能旋钮调整至"DCV"电压区域

2)将红表笔插入"VΩ/Hz"插孔,黑表笔插入"COM"插孔。

3)如图4-12所示,将电源开关"OFF/ON"按下,直到液晶显示屏显示时即可测量直流电压。

图4-12 按下电源开关"OFF/ON"

4)将两表笔与被测电路并联,液晶显示屏将显示被测直流电压值。例如测试电池的直流电压值时,则将万用表的黑表笔和红表笔分别搭在电池的正负极上,当红表笔所接电池端是正极性,则液晶显示屏显示的是正值数字(图 4-13);当红表笔所接电池端是负极性,则显示的是负值数字(图 4-14)。

图 4-13　正值数字

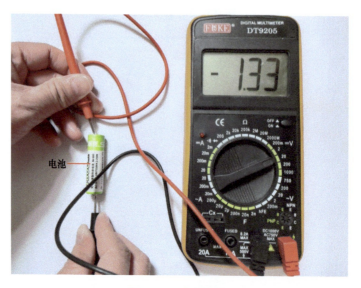

图 4-14　负值数字

5)再次将电源开关"OFF/ON"按下,关闭数字式万用表,如图 4-15 所示。

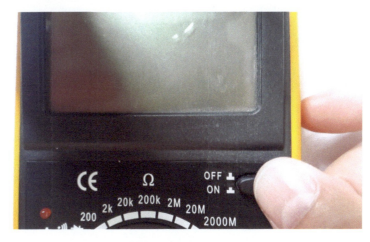

图 4-15　再次按下电源开关"OFF/ON"

4. 数字式万用表检测交流电压的方法

用数字式万用表检测交流电压时,应根据实际电路选择合适的交流电压量程,然后将万用表的红、黑表笔与被测电路并联,此时可以通过数字万用表的显示屏读出测量的电压值。用数字式万用表检测交流电压的方法如下。

1)将功能旋钮旋至"ACV"区域内恰当的电压量程档,如图 4-16 所示。

图 4-16　将功能旋钮调整至"ACV"电压区域

2)将红表笔插入"VΩ/Hz"插孔,黑表笔插入"COM"插孔,如图 4-17 所示。

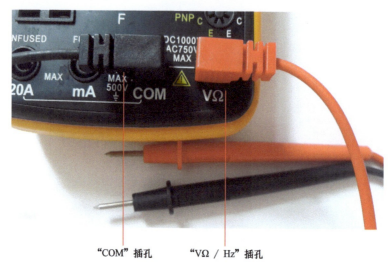

"COM" 插孔　　　"VΩ／Hz" 插孔

图 4-17　插入红表笔和黑表笔

3）将电源开关"OFF/ON"按下，直到液晶显示屏显示时即可测量交流电压，如图 4-18 所示。

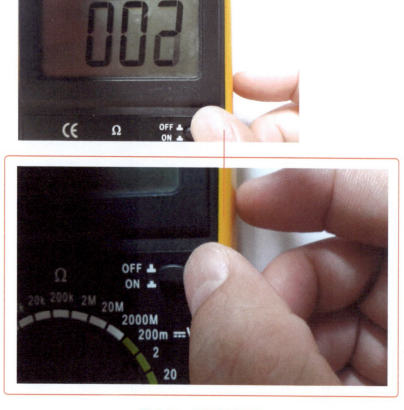

图 4-18　按下电源开关

4)将两表笔与被测电路并联,液晶显示屏将显示被测交流电压值。

> **注意**:如图 4-19 所示,在"VΩ"和"COM"插孔之间标有"DC1000V AC750V MAX",它表示最大直流被测电压不能超过 1000V,最大交流电压有效值不能超过 750V,否则有损坏仪表的危险。

图 4-19　电压测量范围

4.3　电阻检测

1. 指针式万用表检测电阻的方法

(1)电阻的认识

在实际应用中,需要使用万用表来检测的电阻种类很多,根据其功能和应用领域的不同,主要分为固定电阻和可变电阻。其中可变电阻又分为可调电阻和敏感电阻两种类型。几种常用电阻的实物外形如图 4-20 所示。

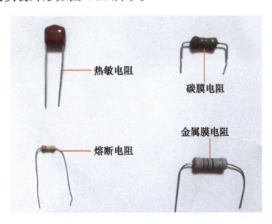

图 4-20　几种常用电阻的实物外形

由于电阻的外形结构和功能不同,在使用万用表对其进行检测时,检测方法和判断结果也有所差异。下面先简单介绍一下电阻的基本知识。

1）电阻的概念。电阻是汽车电气、电子设备中用得最多的基本元件之一，主要用于控制和调节电路中的电流和电压，或用作消耗电能的负载。

2）电阻的单位。电阻的国际单位是欧姆（Ω）。常用单位还有kΩ、MΩ、mΩ 换算关系为 1MΩ=1000kΩ、1kΩ=1000Ω，1mΩ=0.001Ω。

3）电阻的类型。

① 按阻值分　电阻有定值电阻和可变电阻。定值电阻电路符号为 ─▭─。可变电阻（变阻器）电路符号为 ─▭─。

② 按材料分，电阻有碳膜电阻（RT）、金属膜电阻（RJ）、实芯电阻（RS）、金属氧化膜电阻（RY）和线绕电阻等不同类型。

③ 按电阻值的精度分，电阻有精度为 ±5%、±10%、±20% 等的普通电阻，还有精度为 ±0.1%、±0.2%、±0.5%、±1% 和 ±2% 的精密电阻。

4）电阻阻值标示。

① 直标法。将电阻的阻值和允许偏差直接用数字和单位符号印在电阻上（无偏差标示为允许偏差 ±20%）。例如，普通电阻的允许偏差可分为 ±5%、±10%、±20% 三种，在标志上分别以 Ⅰ、Ⅱ、Ⅲ 偏差等级表示；精密电阻的允许偏差可分为 ±0.5%、±0.1%、±0.2%、±0.01%，一般直接标注在电阻上，如图 4-21 所示。

图 4-21　电阻直标法

② 文字符号法。用数字和单位符号按照一定的规律组合起来表示电阻值，允许偏差也用文字符号表示。单位符号 Ω（或 kΩ、MΩ）前面的数字表示整数阻值，单位符号 Ω（或 kΩ、MΩ）后面的数字表示第一位小数阻值，如 91K 表示 91kΩ，5K1 表示 5.1kΩ，5Ω1 表示 5.1Ω，4M7 表示 4.7MΩ。电阻的允许偏差用字母代码表示，如 D（±0.5%）、F（±1%）、G（±2%）、J（±5%）、K（±10%）、M（±20%）。图 4-22 所示为电阻值 75Ω、允许偏差 ±2% 的电阻，以及电阻值 62Ω、允许偏差 ±2% 的电阻。

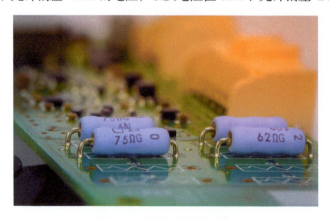

图 4-22　文字符号法电阻

③ 四环标法。一般电阻用 4 条色环表示阻值及偏差,如图 4-23 所示。其中两环表示有效数字,另外一环表示倍率,最后一环表示偏差。读数时从色环多的一端开始依次读数,如电阻上的色环依次为蓝、红、橙和金,则表示阻值为 $62×10^3\Omega$ =62kΩ,允许偏差是 ±5% 的电阻。电阻值对应的颜色见表 4-1。

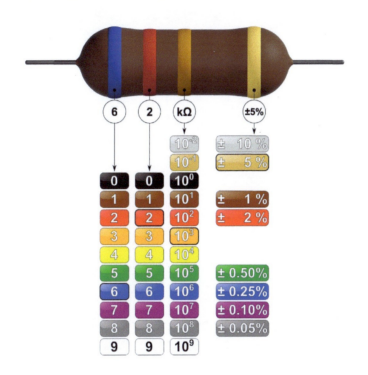

图 4-23 一般电阻

表 4-1 电阻值对应的颜色

颜色	有效数字	倍率	电阻值允许偏差
银	—	10^{-2}	±10%
金	—	10^{-1}	±5%
黑	0	1	—
棕	1	10	±1%
红	2	10^2	±2%
橙	3	10^3	±0.05%
黄	4	10^4	—
绿	5	10^5	±0.5%
蓝	6	10^6	±0.25%
紫	7	10^7	±0.1%
灰	8	10^8	—
白	9	10^9	—
无色	—	—	±20%

④ 五环标法。精密电阻用 5 条色环表示标称值和允许偏差，如图 4-24 所示。如色环是红、橙、黄、蓝和金，则表示电阻值为 $234×10^6Ω$ = $234MΩ$，允许偏差是 ±5% 的电阻。

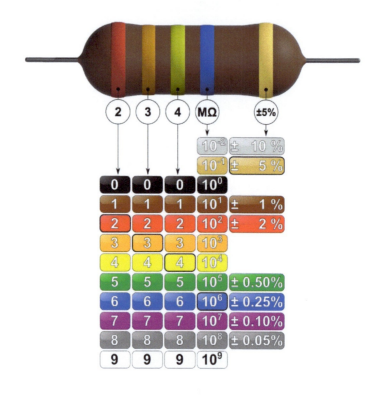

图 4-24　精密电阻

在读取色环电阻值时，要遵守以下四个原则。

a. 通过允许偏差色环识别。色环电阻常见的允许偏差色环有金色和银色，而有效数字不能为金色或银色，因此色环电阻的一端出现金色或银色环，一定是表示允许偏差。读取有效数字应当从另一端读取。

b. 通过色环位置识别。色环电阻的第一条色环比较靠近电阻一端引脚（第一位有效数字），允许偏差的色环与其他色环的间隔比较大。

c. 通过色环间距识别。当色环电阻两端的第一环距离导线距离相似时，需要通过色环距离间距来判断。通常代表有效数字的色环间距较窄，有效数字与倍乘数、倍乘数与允许偏差之间的色环间距较宽。

d. 通过电阻值与允许偏差的常识识别。目前市场上大多数电阻的允许偏差在 ±5% 或 ±10%，允许偏差过大或过小的电阻很少见。

⑤ 电阻额定功率标示。

电阻的额定功率是指电阻在直流或交流电路中，长期连续工作所允许消耗的最大功率。一般直接用数字印在电阻体上（图 4-25），通常不加功率标注的电阻均为 1/8W。

电阻的额定功率选择，一般不能过大，也不能过小。过大会增大电阻的体积，过小则会烧毁电阻。一般情况下，所选用的电阻值应使额定功率大于实际消耗功率的2倍左右，以确保电阻的可靠性。

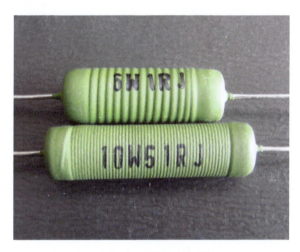

图 4-25　电阻额定功率的标示

（2）指针式万用表检测电阻的操作

① 指针式万用表具有检测电阻的功能。首先将指针式万用表的功能旋钮旋至 Ω 标识的区域，然后将万用表的红、黑两表笔短接，之后调整零电阻校正钮，使指针指示 "0" 位置，如图4-26所示。

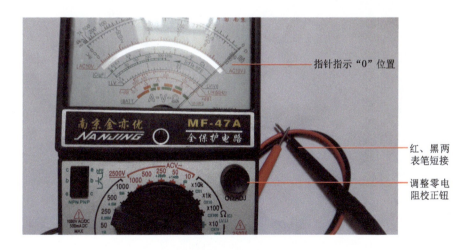

图 4-26　指针式万用表的调整

② 检测电阻之前，首先应根据被测元器件的阻值来调整电阻档位到相应的档位，然后根据电阻表面标识读取电阻值。如图4-27所示，该电阻以 "红、红、黑、金" 色环标记，根据电阻上色环读取电阻值为22Ω，允许偏差为 ±5%。

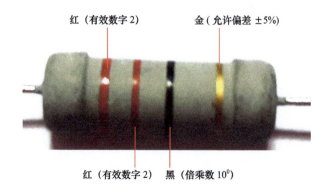

图 4-27 读取电阻值

③ 由于该色环电阻值为 22Ω，则应将档位调整到 "R×1" 档，如图 4-28 所示。

图 4-28 调整电阻档位

④ 如图 4-29 所示，将两表笔分别搭在被测电阻两端的引脚上，观察刻度盘指针的位置并读数，测得电阻值为 22Ω。若实际测量数值与标称值相差不大，则说明电阻良好；若相差较大，则说明电阻本身损坏。

2. 数字式万用表检测电阻的方法

1）将数字式万用表的档位调整至电阻档。根据待测电阻的表面标识调整档位，选择合适的量程。如图 4-30 所示，可以看到该电阻是采用色标法进行标识的。该电阻色标为"红、红、棕、银"，通过标识得知被测电阻的标称阻值为 220Ω，允许偏差为 ±10%。

2）将数字式万用表调至 "2k" 档，万用表的两表笔分别搭在电阻两端引脚处，观察万用表显示屏的测量值，如图 4-31 所示。

第4章 电路检测

a) 两表笔分别搭在被测电阻两端的引脚上

指针指示
数值 22

b) 指针读数

图 4-29　检测电阻值

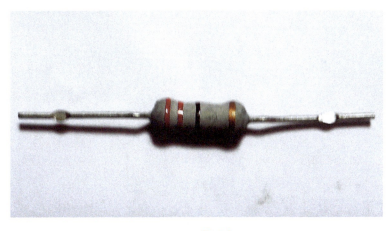

图 4-30　待测电阻

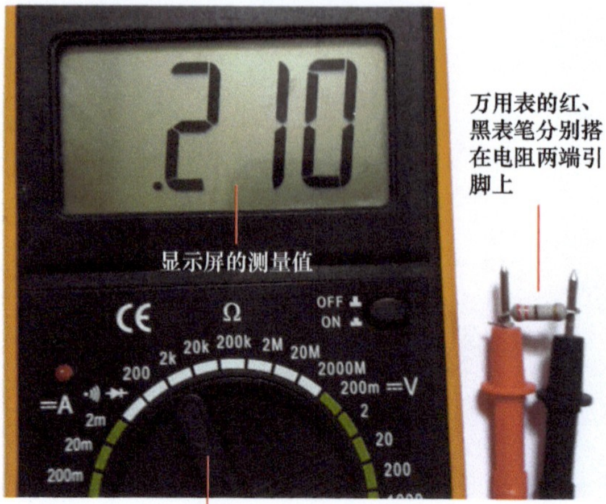

图 4-31 用数字式万用表测量电阻

3）根据所测的电阻值 R 判断检测结果。若电阻自身的标称阻值与万用表读出的电阻值 R 相等或十分接近，则该电阻正常；若两者之间出现较大偏差，则该电阻不良；当万用表测得电阻值 R 接近 0Ω，说明该电阻内部短路。

综上所述，上述电阻的标称阻值为 220Ω，允许偏差为 $\pm10\%$，而用万用表测得的电值 R 为 210Ω，该电阻在允许偏差 $\pm22\Omega$（$220\Omega \times \pm10\%$）的范围内，所以该电阻正常。

第5章 电子元器件检测

5.1 电容检测

1. 指针式万用表检测电容

（1）认识电容

1）电容和电容的概念。电容可以储存直流电能。电容是组成电子电路的基本元件。利用电容隔直流、通交流的特性，它在电路中可用于隔直流、耦合交流、旁路交流、滤波、定时和组成振荡电路等。

2）电容的单位。电容用符号 C 表示，国际单位是法拉，简称法（F）。常用的电容单位还有毫法（mF）、微法（μF）、纳法（nF）和皮法（pF）等，换算关系是：

1 法拉（F）= 1000 毫法（mF）=1000000 微法（μF）

1 微法（μF）= 1000 纳法（nF）= 1000000 皮法（pF）。

3）电容的类型。

① 按照电容容量是否可调节分，主要有固定电容、可变电容、微调电容。

② 按电容的介质材料分，见表 5-1。

表 5-1 按电容的介质材料分

类型	内容	图示
纸介电容	纸介电容用两片金属箔做电极，夹在极薄的电容纸中，卷成圆柱形或者扁柱形芯子，然后密封在金属壳或者绝缘材料壳中制成。它的特点是体积较小、温度系数大、稳定性差、损耗大、有较大的固有电感，只适合于要求不高的低频电路	
金属化纸介电容	金属化纸介电容结构基本与纸介电容相同，它是在电容纸上覆上一层金属膜来代金属箔，其特点是体积小、电容量大，一般用于低频电路	

（续）

类型	内容	图示
油浸纸介电容	油浸纸介电容是把纸介电容浸在经过特别处理的油里，这可增强其耐电压能力。它的特点是电容量大、耐电压高，但体积较大。使用时要考虑容量、允许偏差、耐电压值、漏电电阻等技术参数	
有机薄膜电容	有机薄膜电容结构与纸介电容相同，介质是涤纶或聚苯乙烯。涤纶薄膜电容介质常数较高，体积小、容量大、稳定性较好，适宜做旁路电容。聚苯乙烯薄膜电容介质损耗小、绝缘电阻高，但温度系数大，可用于高频电路	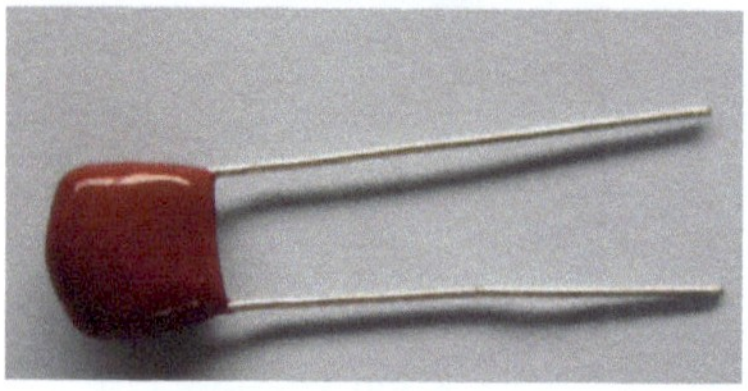
陶瓷电容	陶瓷电容是在基体两面喷涂银层，然后烧成银质薄膜作为极板制成。它的特点是体积小、耐热性好、损耗小、绝缘电阻高，但容量小，适用于高频电路。铁电陶瓷电容容量较大，但损耗和温度系数较大，适用于低频电路	
云母电容	云母电容是在云母片上喷涂银层作为电极板，极板和云母一层一层叠合后，再压铸在胶木粉或封固在环氧树脂中制成。它的特点是具有很高的绝缘性能，即使在高频时使用亦只有很小的介质损耗，适用于高频电路	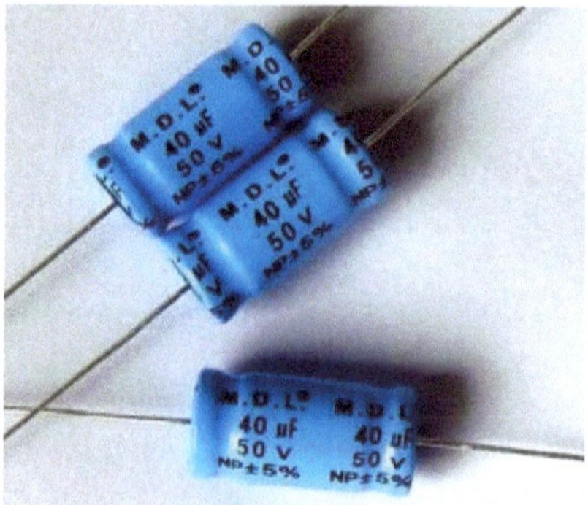

（续）

类型	内容	图示
铝电解电容	铝电解电容由铝圆筒作为负极、里面装有液体电解质，插入一片弯曲的铝带作为正极制成。还需经直流电压处理，使正极片上形成一层氧化膜作为介质。它的特点是容量大，但是漏电大、稳定性差、有正负极性，适用于电源滤波或低频电路中	
钽铌电解电容	钽铌电解电容用金属钽或者铌作为正极，用稀硫酸等配液作为负极，用钽或铌表面生成的氧化膜作为介质制成。它的特点是体积小、容量大、性能稳定、寿命长，用在要求较高的电气设备电路中	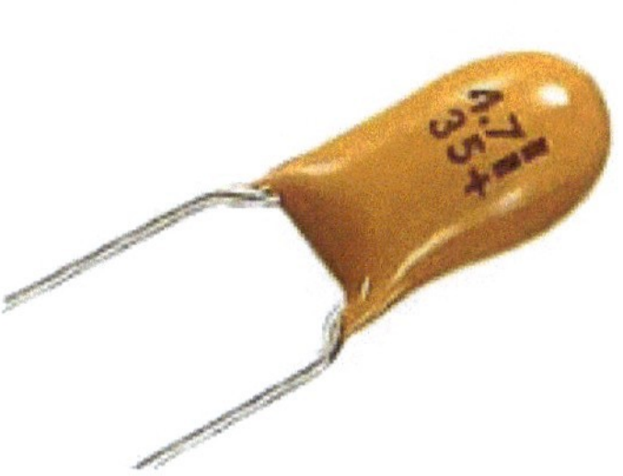

4）电容的容量标注方法

电容的容量标注方法见表 5-2。

表 5-2 电容的容量标注方法

方法	内容
直标法	直标法就是在电容的表面上直接标注出主要参数和技术指标的方法，如 33pF ± 5%、32V
文字符号法	文字符号法就是用文字、数字符号有规律的组合标注在电容的表面上。一般将容量的整数部分写在容量单位标志符号前面，小数部分放在单位符号后面，如 4n7 表示 4.7nF 或 4700pF，3p1 表示 3.1pF，8n7 表示 8700pF
数字法	体积较小的电容常用数字法标注。数字法标注一般用 3 位整数，前两位为有效数字，第 3 位表示倍率，单位为皮法 (pF)，如 243 表示容量为 24000pF
数字与字母混合法	进口电容在标注数值时不用小数点，而是将整数写在字母之前，将小数部分写在字母后面，如 4p7 表示 4.7 pF，3m3 表示 3300μF。 国产电容用标注数值表示容量、字母表示允许偏差等级，F= ± 1%，G= ± 2%，J= ± 5%，K= ± 10%，M= ± 20%，N= ± 30%。如 223J 表示 22000pF=0.22μF，允许偏差为 ± 5%
色标法	色标法与电阻的色环表示法类似，颜色涂于电容的一端或从顶端向引线排列。色码一般只有 3 种颜色，前两环为有效数字，第 3 环为倍率，单位为 pF。有时色环较宽，如红红橙，两个红色环涂成一个宽的，表示 22000pF

5）电容的电压标注方法。电容的电压标注就是将额定直流工作电压直接标注在电容上，如图 5-1 所示。额定直流工作电压指在电路中能够长期可靠地工作而不被击穿时所能承受的最高直流电压（又称耐电压）。额定直流工作电压的高低与介质的种类和厚度有关。如果电容用在交流电路里，则应注意所加的交流电压的最大值（峰值）不能超过额定直流工作电压。

图 5-1 电容的电压标注

（2）指针式万用表检测电容方法

电容常见的故障有击穿短路、漏电、容量减小或消失等。通常可检测电容的阻值来判断其性能的好坏。

1）电解电容属于有极性电容，其引脚有极性之分，从电解电容的外观上即可判断。电解电容的外形如图 5-2 所示。一般电解电容的正极引脚相对较长，负极引脚相对较短，并且在电解电容的表面上也会标识出引脚的极性。可以看到该电解电容的一侧标记为"-"，则表示这一侧的引脚极性为负极，而另一侧为正极。

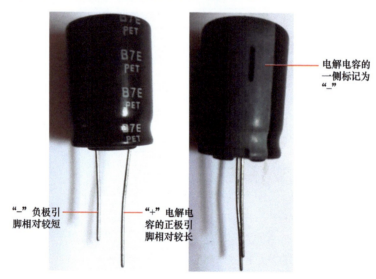

图 5-2 电解电容实物图

2）对电解电容进行检测之前，要对待测电解电容进行放电。因为容量较大的电容被充高压后，电荷不容易放掉，为了避免电解电容中存有残留电荷而影响检测的结果，需要对其进行放电操作。对电解电容放电可选用电阻值较小的电阻，将电阻的引脚与电容的引脚相连接即可，如图 5-3 所示。

图 5-3　电解电容放电操作

3）电解电容放电完成后，将指针式万用表的功能旋钮旋至"R×10k"电阻档，并对万用表进行调零。将黑表笔接至电解电容的正极引脚上，红表笔接至电解电容的负极引脚上，然后观察万用表指针的动作和读数，如图 5-4 所示。

图 5-4　用指针式万用表检测电容

4）若在刚接通电解电容的瞬间，万用表的指针转向右侧（电阻小的方向）摆动一个较大的角度（2μF 以上较明显），当指针摆动到最大角度后，接着又逐渐向左摆回，然后指针停止在固定的一个位置，说明该电容有明显的充放电过程。所测的阻值即为该电解电容的正向漏电阻，该阻值在正常情况下应比较大。

若表笔接触到电解电容引脚后，表针摆动到一个角度后随即向回稍微摆动一点，此时说明该电解电容漏电严重。

若表笔接触到电解电容引脚后，表针即向右（电阻小的方向）摆动，并无回摆现象，指针指示一个很小的阻值或阻值趋近于 0，这说明当前所测电解电容已被击穿短路。

若表笔接触到电解电容引脚后，表针稍向右摆动或不摆动，即指针指示值很大或为无穷大，则说明该电解电容中的电解质已干涸或内部断路，失去电容量。

2. 数字式万用表检测电容

利用数字式万用表的蜂鸣器档（二极管档），可以快速检查电解电容的质量好坏。当被测电路的电阻小于某一数值（通常为几十欧姆）时，蜂鸣器即发出蜂鸣声。

1）将万用表的红表笔接待测电解电容的正极，黑表笔接负极，此时应能听到一阵短促的蜂鸣声，随即声音停止，同时显示溢出符号"1"，如图 5-5 所示。开始有蜂鸣声随即声音停止的原因是刚开始对电解电容充电时充电电流较大，相当于通路，所以蜂鸣器发声。随着电容两端电压不断升高，充电电流迅速减小，蜂鸣器停止发声。

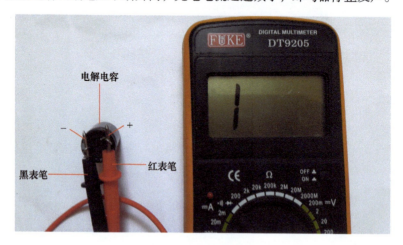

图 5-5　用数字式万用表检测电容

2）根据测量的情况可判断电容的好坏：如果蜂鸣器一直发声，说明电容内部短路。电容的容量越大，蜂鸣器响的时间就越长。如果被测电容已经充好电，测量时则听不到响声，此时可以先将电容短路放电，然后再进行测试。

5.2　电感检测

电感是一种储能元件，它可以把电能转换成磁能并储存起来，是最常见的汽车电子元器件之一。下面认识一下电感。

（1）线圈和电感的概念

电感是用绝缘导体（如漆包线、沙包线等）绕制而成的线圈，属于常用电磁感应元件。每当电流流过导体时，在导体周围会产生磁场，产生的磁感应强度与流过导体的电流成正比。

（2）电感的单位

电感的基本单位为亨利（简称亨），用字母 H 表示，此外还有毫亨(mH)和微亨(μH)、纳亨（nH），换算关系为 $1H=10^3 mH=10^6 μH=10^9 nH$。

（3）电感原理

如图 5-6 所示，电感原理是指当电流通过线圈时，在线圈中形成磁场，感应磁场又会产生感应电流来抵制通过线圈中的电流。交流发电机就是利用电感原理发电的。

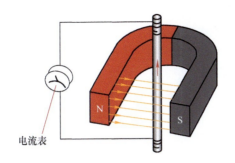

图 5-6 电感原理

（4）电感的类型

电感元件的外观多种多样，最常见的几种外观如图 5-7 所示。电感的类型主要有以下几种。

1）按贴装方式分，电感有贴片式电感、插件式电感。

2）按磁心材料分，电感有空心电感、磁心电感、铁心电感。

3）按工作频率分，有高频电感、中频电感和低频电感。

（5）电感的标注方法

电感的标注方法见表 5-3。

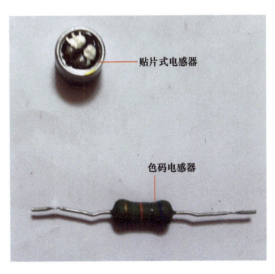

图 5-7 常见的电感外观

表 5-3 电感的标注方法

方法	内　容
直标法	采用直标法时，一般会在电感外壳上标注电感量、偏差和额定电流值。在标注电感量时，通常会将电感量值及单位直接标出。在标注偏差时，分别用Ⅰ、Ⅱ、Ⅲ表示 ±5%、±10%、±20%。在标注额定电流时，用 A、B、C、D、E 分别表示 50mA、150mA、300mA、0.7A 和 1.6A
色标法	电感的色标法与电阻相同（色环代表的数值和判断方向同电阻）。色环标注的电感中，前面两条色环代表的数值为有效值，第三条色环代表的数值为零的个数或倍乘数。第四条色环代表允许偏差，黑、棕、红、橙、黄、金、银对应偏差为 ±20%、±1%、±2%、±3%、±4%、±5%、±10% 色环所代表的数字：黑、棕、红、橙、黄、绿、蓝、紫、灰、白代表 0~9 的数字，单位为 μH
数码标法	数码标法是将电感值和允许偏差用数字和文字符号按一定的规则组合标注在电感上 1）两位数字与 R 组合，R 表示小数点，单位为 μH 2）两位数字与 N 组合，N 表示小数点，单位为 nH 3）前面三位都为数字时，单位为 μH 如 N12 表示 0.12nH，1N2 表示 1.2nH，6R8 表示 6.8μH，102J 表示 1000μH，允许偏差 ±5%

1. 指针式万用表检测电感

电感的检测就是检查电感里面的线圈通断情况,主要是通过万用表电阻档检测电感线圈的电阻。若测得的结果等于或十分接近标称值,那说明该电感是好的,可以继续使用;若测得的结果与标称值相差很大,那说明该电感是坏的。

1)如图 5-8 所示,认真查看电感上的色环标识,色环标识为"蓝、紫、红、金",通过色环可知该电感的标称值为 6700μH,允许偏差为 ±5%。

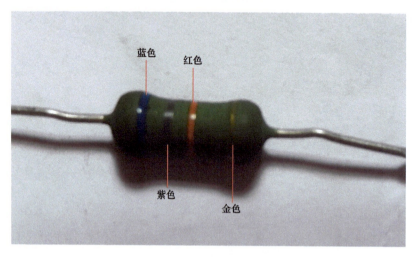

图 5-8 色环标识电感

色环电感的标注方法和色环电阻类似,但其所代表的数值不完全相同。色环电感的最后一环为允许偏差,倒数第二环为倍乘数,其余为有效数字。色环电感各色环所代表的含义见表 5-4。

表 5-4 色环电感各色环所代表的含义

色环颜色	色环所处的排列位		
	有效数字	倍乘数	允许偏差(%)
银色	—	10^{-2}	±10
金色	—	10^{-1}	±5
黑色	0	10^0	—
棕色	1	10^1	±1
红色	2	10^2	±2
橙色	3	10^3	—
黄色	4	10^4	—
绿色	5	10^5	±0.5
蓝色	6	10^6	±0.25
紫色	7	10^7	±0.1
灰色	8	10^8	—
白色	9	10^9	—
无色	—	—	±20

2)将指针式万用表的功能旋钮旋至电阻档"R×1k",并进行调零,如图5-9所示。

图5-9 调零

3)如图5-10所示,将指针式万用表的两表笔分别搭在电感的两端引脚上。此时,观察万用表的指针即可读出电感的电阻值。当被测电感的阻值远小于正常值或趋向于0Ω时,则表明该电感内部存在短路故障;如果被测电感的阻值趋于无穷大,可选择最高阻值量程继续检测,若阻值仍趋于无穷大,则表明被测电感线圈已断路损坏。

图5-10 用电阻档检测电感

2. 数字式万用表检测电感

1)首先将数字式万用表的电源开关打开,将功能旋钮调至二极管档(蜂鸣档),如图5-11所示。

图 5-11　数字式万用表功能旋钮调至"二极管档（蜂鸣档）"

2）用数字式万用表的两个表笔搭在电感的两引脚上，如图 5-12 所示。

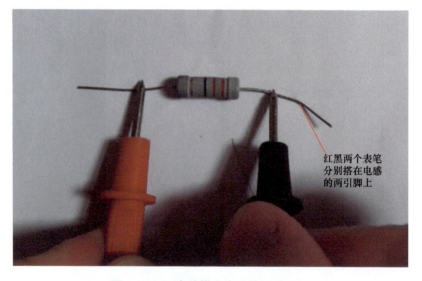

图 5-12　两表笔搭在电感的两引脚上

3）观察数字式万用表显示屏的读数。对于线圈匝数较多、线径较细的电感，读数会达到几十欧姆（图 5-13）甚至几百欧姆。通常情况下，电感线圈的直接电阻只有几欧姆。对于贴片电感，它的读数应为 0，若万用表读数偏大或为无穷大则表示电感损坏；如果电感损坏，多表现为发烫或电感色环明显损坏。

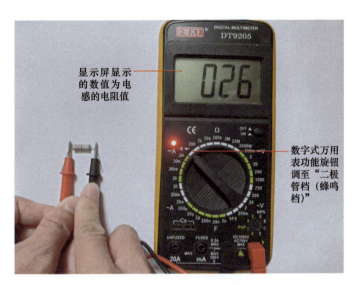

图 5-13　数字式万用表的显示屏

5.3　二极管检测

二极管是一种常用的半导体器件，它的种类很多，按制造材料可分为硅二极管、锗二极管。根据实际使用又可分为整流二极管、稳压二极管、发光二极管、光电二极管等。二极管具有单向导电性，它只允许电流以一个方向流动，即从二极管的正极流向负极。二极管的实物外形如图 5-14 所示。

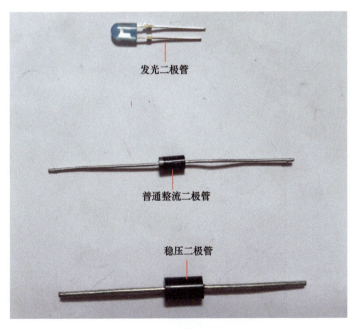

图 5-14　二极管的实物外形

（1）二极管结构

二极管是由 N 型半导体和 P 型半导体形成的 PN 结（图 5-15）。

导电能力介于导体和绝缘体之间的材料称为半导体，通常把半导体分为 P 型半导体和 N 型半导体。在晶体中掺入微量的五价磷元素，产生多余的自由电子充当导电载流子，掺入磷元素杂质的半导体叫作 N 型半导体；在晶体中掺入微量的三价硼元素，因为缺少电子产生空穴，这些空穴充当导电的载流子，掺入硼元素杂质的半导体叫作 P 型半导体。按一定次序将 N 型半导体和 P 型半导体结合在一起，便能得到二极管、晶体管等精密电子元器件。

图 5-15　二极管结构与符号

（2）二极管的工作原理

二极管具有单向导电性，它可以看作是电流的单向阀，只允许电流以一个方向流动，即从二极管的正极流向负极，如图 5-16 所示。

1）正向特性。当在二极管上施加的正向电压小于某一数值（这一数值称为"门槛电压"，硅管为 0.7V，锗管为 0.3V）时，正向电流很小，几乎为零，二极管呈现出较大的电阻。当正向电压超过"门槛电压"后，正向电流按指数曲线规律增长，二极管处于导通状态。

2）反向特性。当在二极管上施加反向电压时，此时二极管几乎没有电流流过，处于截止状态。当施加在二极管上的反向电压增大到某一数值时，反向电流急剧增大，二极管单向导电性失效，此时二极管被击穿。

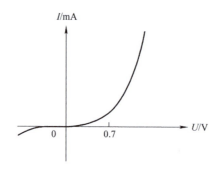

图 5-16　二极管的工作原理

1. 指针式万用表检测二极管

1）将万用表功能旋钮旋至电阻档，对二极管的检测量程可选择"R×100"档或"R×1k"档，并进行调零校正，如图5-17所示。

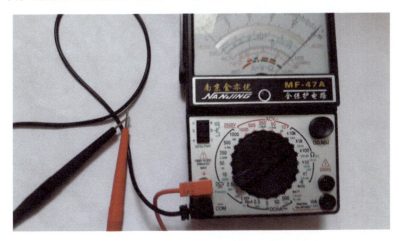

图5-17　将功能旋钮旋至"R×1k"档

2）将红、黑表笔分别接二极管的两极。此时，查看万用表指针的读数，若万用表指示的电阻值比较小（通常在100~1000Ω），而将红、黑表笔所接电极交换后，所指示电阻值又大于几百千欧，则说明此二极管单向导电性较好，这时交换后的红表笔接的是二极管的正极，黑表笔接的是负极。如果在测试过程中，交换表笔所测阻值都很大，甚至为∞，则表示二极管内部已经断路；若交换表笔测出的电阻均很小，甚至为0，则表示二极管内部已经短路。

3）确定二极管正负极后，再对二极管分别进行正、反向阻值测量。如图5-18所示，将黑表笔接二极管的正极引脚，红表笔接二极管的负极引脚，读取二极管的阻值。

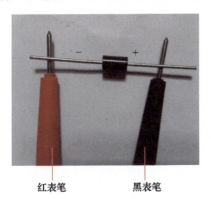

测量二极管的正向阻值为4.5kΩ

图5-18　正向阻值的检测示意图

4）如图5-19所示，将黑表笔接二极管的负极引脚，红表笔接二极管的正极引脚，所测的二极管阻值应为无穷大。

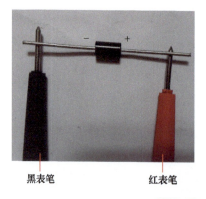
黑表笔　　　　　　　红表笔

测量二极管的反向阻值为无穷大

图 5-19　反向阻值的检测示意图

2. 数字式万用表检测二极管

1）如图 5-20 所示，将数字式万用表的功能旋钮旋至二极管档，其红表笔为正极性、黑表笔为负极性。

图 5-20　将功能旋钮旋至二极管档

2）判断二极管的正负极，可以通过调换表笔的方法测量二极管两端引脚，如图 5-21 所示。二极管具有单向导通性，正向时数字万用表会显示电阻，反向则显示无穷大。

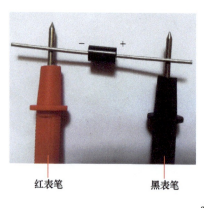
红表笔　　　　　　　黑表笔

1 表示阻值为无穷大状态

a）反向显示无穷大

图 5-21　判断二极管的正负极

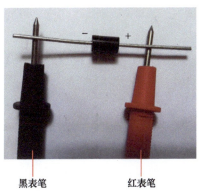

黑表笔　　　　　　红表笔　　　　　表示二极管正向导通状态的管压降

b) 正向显示电阻

图 5-21　判断二极管的正负极（续）

3）将数字式万用表调到直流电压档，设置量程为"2V"。用数字式万用表测量二极管的电压降，如图 5-22 所示。将数字式万用表的黑表笔接二极管负极引脚，红表笔接二极管正极引脚，此时可以测得二极管的正向压降。

图 5-22　用数字式万用表检测二极管正向压降

若所测正向压降的值为 0.1 ~ 0.4V，说明该二极管为性能良好的锗二极管。
若所测正向压降的值为 0.6 ~ 0.7V，说明该二极管为性能良好的硅二极管。
若所测正向压降与上述规定范围相差较大，说明该二极管是坏的。

5.4　晶体管检测

晶体管是一种常用的半导体器件，它的种类很多，有 NPN 型晶体管、PNP 型晶体管、光电晶体管等。晶体管的实物外形如图 5-23 所示。

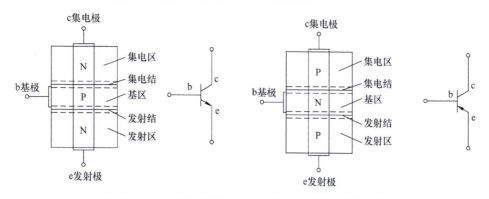

图 5-23 晶体管的实物外形

（1）晶体管的结构

晶体管是由两个相距很近的 PN 结组成的，它是在一块半导体晶片上制造三个掺杂区，形成两个 PN 结，再引出三个电极，用管壳封装。晶体管由 P 型和 N 型材料组合的三层材料制成。按照两个 PN 结的组合方式不同，可分为 NPN 型和 PNP 型两种。NPN 型晶体管和 PNP 型晶体管的结构和符号如图 5-24 所示。

图 5-24 NPN 型晶体管和 PNP 型晶体管的结构和符号

（2）晶体管的工作原理

1）晶体管截止状态。

① 当 NPN 型晶体管基极 b 与发射极 e 电位差小于 0.7 V 时，晶体管不导通，没有电流流动，称为晶体管的截止状态，图 5-25 所示。如果把 ce 间看作一个开关的两端，截止状态相当于电子控制开关断开。

② 对于 PNP 型晶体管，当发射极 e 与基极 b 电位差小于 0.3V 时，基极加了反向偏压，PNP 型晶体管处于截止状态，如图 5-26 所示。

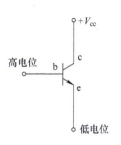 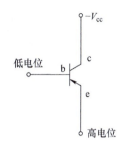

图 5-25　NPN 型晶体管截止状态　　　图 5-26　PNP 型晶体管截止状态

2）晶体管放大状态。

① 当 NPN 型晶体管的基极 b 与发射极 e 电位差大于 0.7V 时，晶体管导通，集电极 c 向发射极 e 有电流通过，而且流过的电流的大小与基极 b 流入的电流成正比，称为晶体管的放大状态，如图 5-27 所示。

② 当 PNP 型晶体管的基极 b 与发射极 e 的电位差小于 0.3V 时，PNP 型晶体管处于放大状态，如图 5-28 所示。

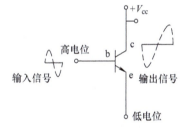 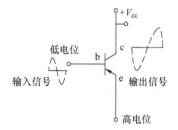

图 5-27　NPN 型晶体管放大状态　　　图 5-28　PNP 型晶体管放大状态

3）晶体管饱和状态。在放大状态，晶体管 ce 之间的电流是随着基极 b 的电流增大而增大的。但是，当晶体管的基极电流增加到一定值时，再增大正向偏压，加大基极电流，ce 之间的电流仍维持在一个最大值而不再增大，这种状态称为晶体管的饱和状态。在饱和状态，晶体管 ce 之间的电位差很小，几乎为零，相当于一个开关的两端闭合。在分析汽车电路中，如果遇到晶体管处于饱和状态，可认为 c、e 电位相等。

1. 指针式万用表检测晶体管

（1）晶体管基极（b）判断

1）在实际使用晶体管时，可以将晶体管等效为两个二极管。二极管具有单向导电性，用万用表测量时正向电阻很小，而反向电阻为无穷大。根据 NPN 型晶体管和 PNP 型晶体管的结构特点，也可以通过检测引脚的正反向电阻来判断出基极（b），如图 5-29 所示。

图 5-29 晶体管的实物图

2）检测晶体管时，将万用表的量程旋转"R×1k"电阻档，并进行调零校正。将万用表黑表笔搭在晶体管基极，红表笔搭在晶体管右侧的引脚上。观察万用表显示的读数，所测电阻值为 7kΩ，如图 5-30 所示。

3）再将万用表红表笔移到晶体管最左侧的引脚上，此时观察万用表显示的读数，所测电阻值为 9kΩ，如图 5-31 所示。

若黑表笔接基极，红表笔接集电极和发射极测得正向电阻，则被测晶体管是 NPN 型；若红表笔接基极，黑表笔接集电极或发射极测得正向电阻，则被测晶体管为 PNP 型。

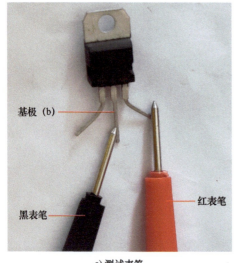

a）测试表笔

b）显示屏显示

图 5-30 判断晶体管的类型

a) 测试表笔　　　　　　　　b) 显示屏显示

图 5-31　判断晶体管的类型

（2）检测 NPN 晶体管的引脚极性

1）基极判别。

① 用万用表检测 NPN 晶体管的引脚极性之前，先将万用表的量程旋至 "R×1k" 电阻档，并假设待测 NPN 晶体管的中间引脚为基极。将万用表的黑表笔搭在 NPN 晶体管的基极引脚上，红表笔搭在 NPN 晶体管的左侧引脚上，观察万用表显示的读数，所测得的电阻值为 9kΩ，如图 5-32 所示。

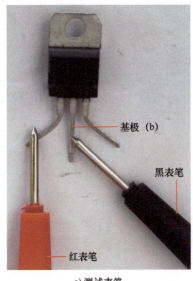 

a) 测试表笔　　　　　　　　b) 显示屏显示

图 5-32　NPN 晶体管基极判别（一）

② 如图 5-33 所示，仍然保持黑表笔搭在晶体管基极引脚上不动，红表笔搭在 NPN 型晶体管的右侧引脚上，此时观察万用表显示读数，如果测得的阻值均较小，且为 6.5kΩ 左右，则黑表笔所接引脚即为 NPN 型晶体管基极。

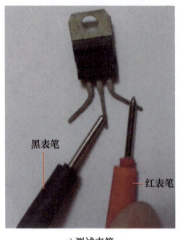
a) 测试表笔

b) 显示屏显示

图 5-33　NPN 晶体管基极判别（二）

2）发射极和集电极判别。当判别了基极以后，其余两个引脚即为发射极和集电极，具体判断方法如下。

① 将万用表的的量程旋至"R×10k"电阻档，并进行欧姆调零操作。将红表笔搭在 NPN 晶体管左侧引脚上，黑表笔搭在右侧引脚上，然后用手触摸中间基极引脚和黑表笔所接引脚，此时相当于给该和基极之间加一电阻，便有微小基极电流通过手指流入，如图 5-34 所示。有基极电流会引起集电极与发射极之间的变化（放大），观察万用表的表盘，指针会出现摆动，记下偏摆量为 R_1。

a) 测试表笔

b) 显示屏显示

图 5-34　NPN 晶体管的引脚极性判别（一）

② 如图 5-35 所示，红、黑两表笔调换，用手接触中间基极引脚和黑表笔所接引脚，此时相当于给该极和基极之间加一电阻，便有微小基极电流通过手指流入。观察万用表的表盘，指针会出现摆动，记下偏摆量为 R_2。

a) 测试表笔

黑表笔　　红表笔

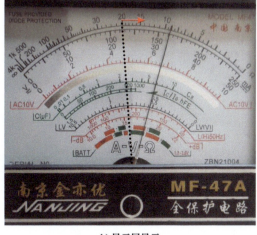

b) 显示屏显示

图 5-35　NPN 晶体管引脚极性判别（二）

对上述两次检测时万用表产生的偏摆量进行比较，若发现 $R_2 > R_1$，则判断检测 R_2 时，黑表笔所接的引脚为集电极（c），红表笔所接的引脚为发射极（e）；若发现 $R_2 < R_1$，则判断检测 R_2 时，黑表笔所接的引脚为发射极（e），红表笔所接的引脚为集电极（c）。

2. 数字式万用表检测晶体管

1）数字式万用表晶体管放大倍数检测插孔的外形如图 5-36 所示。

数字式万用表的 8 孔晶体管插座

图 5-36　检测插孔

2）使用数字式万用表进行检测时，首先打开其电源开关，并将功能旋钮转至专用检测晶体管放大倍数的"hFE"档，如图 5-37 所示。

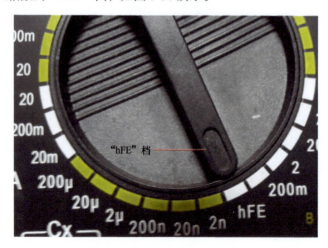

图 5-37　功能旋钮转至"hFE"档

3）如果是 NPN 晶体管，就将 NPN 晶体管插入"NPN"插孔，插入时应注意引脚的插入方向。如果是 PNP 晶体管，就将 PNP 晶体管插入"PNP"插孔，插入时应注意引脚的插入方向，此时观察万用表的读数，得到晶体管的放大倍数为 86 倍，如图 5-38 所示。

图 5-38　检测晶体管的放大倍数

5.5 晶闸管检测

晶闸管是一种可控整流器件,它有单向和双向两种结构,主要用作可控开关。常见的晶闸管实物图如图 5-39 所示。

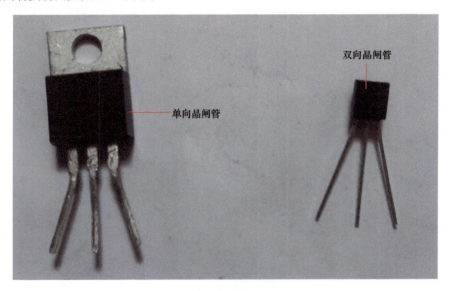

图 5-39 晶闸管实物图

1. 单向晶闸管的检测

(1)单向晶闸管各电极的判别

根据单向晶闸管的结构可知,其门极 G 与阴极 K 之间为一个 PN 结,具有单向导电特性,而阳极 A 与门极之间有两个反极性串联的 PN 结。因此,通过用万用表的"R×100"或"R×1k"档(图 5-40)测量单向晶闸管各引脚之间的电阻值,即能确定三个电极。具体方法如下:

图 5-40 "R×100"或"R×1k"档

将万用表黑表笔任接单向晶闸管某一极，红表笔依次去触碰另外两个电极。若测量结果有一次阻值为几千欧姆（kΩ），而另一次阻值为几百欧姆（Ω），则可判定黑表笔接的是门极 G。在阻值为几百欧姆的测量中，红表笔接的是阴极 K，而在阻值为几千欧姆的那次测量中，红表笔接的是阳极 A，若两次测出的阻值均很大，则说明黑表笔接的不是门极 G，应用同样方法改测其他电极，直到找出三个电极为止。也可以测任两脚之间的正、反向电阻，若正、反向电阻均接近无穷大，则两极即为阳极 A 和阴极 K，而另一脚即为门极 G。单向晶闸管各电极如图 5-41 所示。单向晶闸管也可以根据其封装形式来判断出各电极。

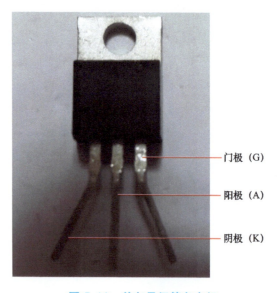

图 5-41　单向晶闸管各电极

（2）单向晶闸管的检测方法

下面以使用指针式万用表为例来检测单向晶闸管，具体的操作方法如下。

1）将指针式万用表的功能旋钮转至电阻档，量程调整为"R×1k"，如图 5-42 所示。

图 5-42　量程调整为"R×1k"

2）将万用表的黑表笔搭在门极（G）引脚上，红表笔搭在阴极（K）引脚上，检测晶闸管门极与阴极之间的正向阻值。观察万用表显示的读数，将所测的电阻值称为 R_1，其阻值为 $8k\Omega$，如图 5-43 所示。

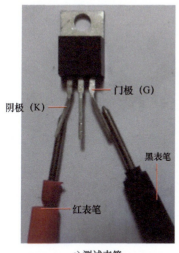
a）测试表笔

b）显示屏显示

图 5-43　检测单向晶闸管（一）

将万用表的两表笔调换，将万用表的红表笔搭在门极引脚上，黑表笔搭在阴极引脚上，检测晶闸管门极与阴极之间的反向阻值，测得电阻值称为 R_2，其阻值应趋于无穷大。

3）将万用表的黑表笔搭在晶闸管的门极引脚上，红表笔搭在阳极引脚上，检测晶闸管门极与阳极之间的正向阻值，测得电阻值称为 R_3，其阻值应趋于无穷大，如图 5-44 所示。

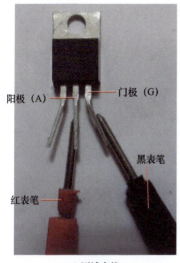
a）测试表笔

b）显示屏显示

图 5-44　检测单向晶闸管（二）

将万用表的两表笔调换，将万用表的红表笔搭在门极引脚上，黑表笔搭在阳极引脚上，检测晶闸管门极与阳极之间的反向阻值，测得电阻值称为 R_4，其阻值应趋于无穷大。

4）将万用表的黑表笔搭在晶闸管的阳极引脚上，红表笔搭在阴极引脚上，检测晶闸管阳极与阴极之间的正向阻值。将所测得的电阻值记为 R_5，其电阻值应趋于无穷大，如图 5-45 所示。

a）测试表笔　　　　　　　　　　　　b）显示屏显示

图 5-45　检测单向晶闸管（三）

5）将万用表的两表笔调换，检测晶闸管阳极与阴极之间的反向阻值，测得电阻值称为 R_6，其阻值应趋于无穷大。正常情况下，单向晶闸管的门极（G）与阴极（K）之间的正向阻值有几千欧姆，反向阻值为无穷大，其余引脚间的正、反向阻值均趋于无穷大。

6）若 R_1、R_2 均趋于无穷大，则说明单向晶闸管的门极（G）与阴极（K）之间存在断路现象。

若 R_1、R_2 均趋于 0，则说明单向晶闸管的门极（G）与阴极（K）之间存在短路现象。

若 R_1、R_2 相等或接近，则说明单向晶闸管的门极（G）与阴极（K）之间的 PN 结已失去控制能力。

若 R_3、R_4 较小，则说明单向晶闸管的门极（G）与阳极（A）之间 PN 结中有变质的情况，不能使用。

若 R_5、R_6 为无穷大，则说明单向晶闸管有故障。

2. 双向晶闸管的检测

双向晶闸管属于 N-P-N-P-N 5 层半导体器件，有第一电极（T_1）、第二电极（T_2）、门极（G）三个电极，在结构上相当于两个单向晶闸管反极性并联。

（1）双向晶闸管各电极的判别

首先找出第二电极 T_2。将万用表置于 R×100 档，用黑表笔接双向晶闸管的任一个电极,红表笔分别接双向晶闸管的另外两个电极,如果表针不动,说明黑表笔接的就是第二电极 T_2。否则就要把黑表笔再调换到另一个电极上,按上述方法进行测量,直到找出第二电极 T_2。

第二电极 T_2 确定后再按下述方法找出第一电极 T_1 和门极 G。第一电极 T_1 与门极是由两个 PN 结反向并联组成的,依然存在正反向的差别。用万用表 $R×10$ 或 $R×1$ 档测量第一电极 T_1 和门极 G 之间的正、反向电阻,如一次是 22Ω 左右,一次是 24Ω 左右,则在电阻较小的一次(正向电阻)黑表笔接的是第一电极 T_1,红表笔接的是门极 G。经过测试,双向晶闸管的各电极如图 5-46 所示。

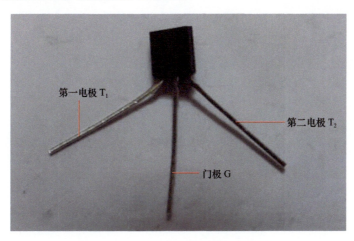

图 5-46 双向晶闸管各电极的判别

(2)双向晶闸管的检测方法

1)在检测待测的双向晶闸管时,将万用表功能旋钮旋至电阻档,量程调整为"R×1k",并进行欧姆调零。将万用表的红表笔搭在晶闸管的第一电极 T_1 引脚上,黑表笔搭在门极 G 引脚上,检测晶闸管门极 G 与第一电极 T_1 之间的正向阻值。观察万用表显示的读数,所测得电阻值记为 R_1,其电阻值为 $1kΩ$,如图 5-47 所示。

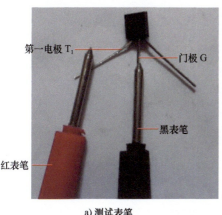

a)测试表笔

b)显示屏显示

图 5-47 双向晶闸管的检测(一)

调换表笔，将万用表的红表笔搭在晶闸管的门极 G 引脚上，黑色表笔搭在第一电极 T_1 引脚上，检测晶闸管门极 G 与第一电极 T_1 之间的反向阻值。测得电阻值记为 R_2，其电阻值也为 1kΩ。

2）将万用的红表笔搭在晶闸管的第一电极 T_1 引脚上，黑表笔搭在第二电极 T_2 引脚上，检测晶闸管第一电极 T_1 与第二电极 T_2 之间的正向阻值。观察万用表显示的读数，将所测的电阻值记为 R_3，其电阻值为无穷大，如图 5-48 所示。

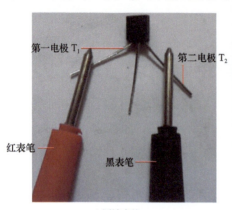

a) 测试表笔　　　　　　　　　　b) 显示屏显示

图 5-48　双向晶闸管的检测（二）

调换表笔，检测晶闸管第一电极 T_1 与第二电极 T_2 之间的反向阻值，测得电阻值记为 R_4，其电阻值趋于无穷大。

3）将万用表的红表笔搭在晶闸管的第二电极 T_2 上，黑表笔搭在门极 G 引脚上，检测晶闸管门极 G 与第二电极 T_2 之间的正向阻值。观察万用表显示的读数，所测的电阻值记为 R_5，其电阻值趋于无穷大，如图 5-49 所示。

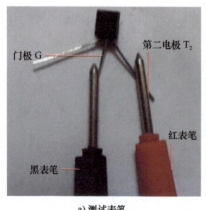 

a) 测试表笔　　　　　　　　　　b) 显示屏显示

图 5-49　双向晶闸管的检测（三）

调换表笔，检测晶闸管门极 G 与第二电极 T_2 之间的反向阻值，观察万用表显示的读数，所测的电阻值记为 R_6，其电阻值趋于无穷大。

测量双向晶闸管时，R_1、R_2 应该有几千欧的阻值，其他测量值，即 R_3、R_4、R_5、R_6 均应趋于无穷大，这是正常的。如所测值与上述情况有偏差，则表明晶闸管已经损坏。

5.6 发光二极管检测

1. 发光二极管极性判断

发光二极管的内部结构也是一个 PN 结，它与其他二极管类似，也具有单向导电性，可以用万用表测量其正、反向电阻判别其极性。此外，也可以通过观察发光二极管的长短脚来判断其正负极。

所有的发光二极管无论是什么颜色，其正、负极都是固定的。如图 5-50 所示，对于直插的发光二极管，脚长的是正极，短的是负极，也可以仔细观察管子内部的电极，较小的是正极，大的类似于碗状的是负极。对于贴片二极管，俯视，一边带彩色线的是负极，另一边则是正极。

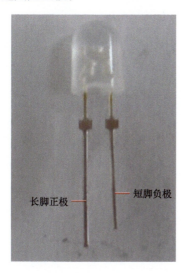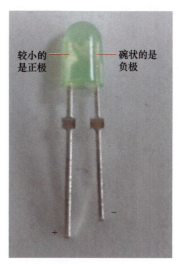

图 5-50　发光二极管极性判断

2. 发光二极管检测方法

（1）指针式万用表检测（图 5-51）

指针式万用表置于电阻 R×1k 或 R×10k 量程，黑表笔连接发光二极管正极，红表笔连接发光二极管负极，此时发光二极管应该发光，即可认为该发光二极管工作正常。由于一些指针式万用表的电阻档测试电压太低，可能无法点亮发光二极管，因此如果电阻档各量程都无法点亮发光二极管，可以尝试串联一节 1.5V 干电池再测试。

（2）数字式万用表检测

如图 5-52 所示，将数字式万用表置于二极管档，红表笔连接发光二极管正极，黑表笔连接发光二极管负极（注意这里与指针式万用表刚好相反），此时发光二极管应该发光，即可认为该发光二极管工作正常。

 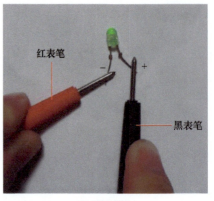

a) R×10k 量程　　　　　　　　　　b) 测试表笔

图 5-51　指针式万用表检测

 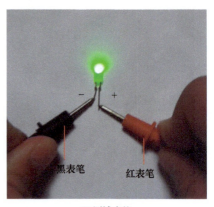

a) 二极管档　　　　　　　　　　b) 测试表笔

图 5-52　数字式万用表检测

第 6 章 汽车传感器检测

6.1 曲轴位置传感器

1. 概述

曲轴位置（CKP）传感器又称发动机转速与曲轴转角传感器，其作用是采集曲轴转动角度和发动机转速信号，并输入发动机电子控制单元（ECU），以便确定喷射顺序、喷射正时、点火顺序、点火正时，然后根据信号监测到的曲轴转角波动大小来判断发动机是否有失火现象。它是发动机集中控制系统最主要的传感器之一，是控制发动机燃油喷射和点火时刻，确认曲轴位置的信号源，同时也是测量发动机转速的信号源。

在现代电控发动机上，曲轴位置传感器一般安装在曲轴前端、靠近飞轮的变速器壳体位置，如图 6-1 所示。曲轴位置传感器主要有磁感应式、霍尔式等多种类型。

图 6-1 曲轴位置传感器

2. 磁感应式曲轴位置传感器

（1）结构原理

磁感应式曲轴位置传感器又称磁脉冲式传感器、可变磁阻式传感器。它主要包括曲轴位置传感器齿板和感应线圈。以凯美瑞轿车的磁感应式曲轴位置传感器为例，传感器齿板有 34 个齿，被安装在曲轴上。感应线圈由缠绕的线圈、软铁心和永久磁铁构成，如图6-2所示。传感器齿板旋转,当每个传感器齿通过感应线圈时,产生脉冲信号。发动机每转动一次,感应线圈就产生34个信号。根据这些信号,ECM/PCM计算曲轴位置以及发动机转速。利用这些计算值,燃油喷射时间和点火正时得到控制。

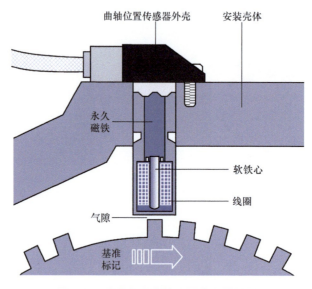

图6-2 磁感应式曲轴位置传感器结构

(2)曲轴位置传感器检测方法

1)曲轴位置传感器的电阻检测。关闭点火开关,拔下曲轴位置传感器插接器插头,然后用数字式万用表检查曲轴位置传感器端子1与2之间的电阻(图6-3),当在 -10~50℃时,该电阻值应为985~1600Ω,当在50~100℃时,该电阻值应为1265~1890Ω,如果不符合规定,则更换曲轴位置传感器。丰田凯美瑞的曲轴位置传感器电路如图6-4所示。

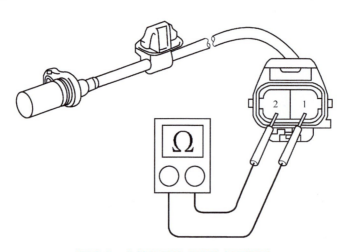

图6-3 曲轴位置传感器的电阻检测

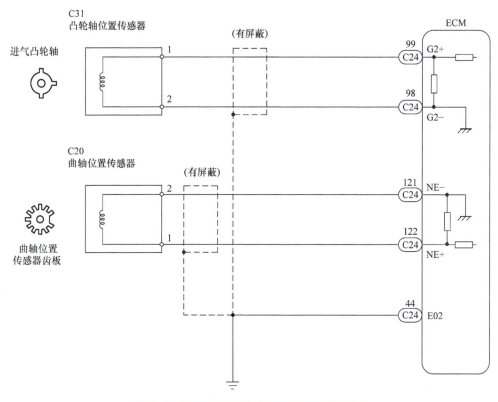

图 6-4　丰田凯美瑞的曲轴位置传感器电路

2）检查曲轴位置传感器上端子 122 或端子 121 与屏蔽线端子之间的电阻值，应为无穷大；如果电阻不是无穷大，则应更换曲轴位置传感器。

3. 霍尔式曲轴位置传感器

霍尔式曲轴位置传感器是利用霍尔效应原理，产生与曲轴转角相对应的电压脉冲信号。它利用触发叶片或轮齿改变通过霍尔元件的磁场强度，从而使霍尔元件产生脉冲的霍尔电压信号，经放大整形后即为曲轴位置传感器的输出信号。霍尔式曲轴位置传感器可分为触发叶片式和触发轮齿式两种曲轴位置传感器。下面以上海别克轿车触发叶片霍尔式曲轴位置传感器为例讲述霍尔式曲轴位置传感器的结构原理及检测。

（1）霍尔式曲轴位置传感器结构原理

利用霍尔效应原理制成的传感器主要由永久磁铁、铁心、通有电流的霍尔元件及其集成电路、带有缺口的信号轮等组成，如图 6-5 所示。信号轮随发动机曲轴转动，当信号轮的叶片部分通过霍尔元件与永久磁铁之间的间隙时，磁场被信号轮的叶片旁通，没有磁场通过霍尔元件，因此不产生霍尔电压；当信号轮的缺口部分通过该间隙时，磁场将经过铁心和霍尔元件形成磁回路，有磁场通过霍尔元件，因而产生霍尔电压。

传感器内部的集成电路将上述霍尔电压的变化转变为方波，即可作为传感器的输出信号。信号轮每转一圈，传感器输出信号的数量等于信号轮上缺口（或叶片）的数量，单位时间内输出信号的数量即可反映信号轮及发动机的转速。在大部分汽车上，ECU 与霍尔效应式传感器的工作方式是ECU通过专线向传感器提供稳定的工作电源（一般为5V）和搭铁，同时还通过信号线向传感器提供一个信号参考电压（一般也为5V）。

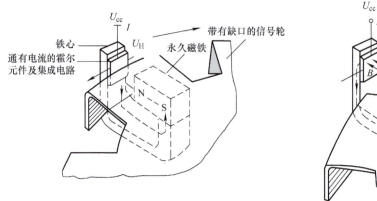

a）叶片进入间隙，磁场被旁路　　　　b）叶片离开间隙，磁场通过霍尔元件

图6-5　霍尔式曲轴位置传感器基本结构和原理

当传感器内部没有产生霍尔电压时，该信号参考电压不被传感器通过搭铁而维持原来的高电平（5V）；当传感器内部产生霍尔电压时，该信号参考电压则被传感器通过搭铁而变为低电平（0V）。ECU则通过这种高、低电平的变化来获得传感器的信号。霍尔效应式传感器有两个突出的优点：一是输出的信号电压为方波，便于数字式ECU的处理；二是输出的信号电压的高低与信号轮的转速无关。但该传感器的工作需要外加电源。

（2）霍尔式曲轴位置传感器的检测

霍尔式曲轴位置传感器的检测方法有一个共同的特点，即主要通过测量有无输出脉冲信号来判断其工作性能是否良好。以上海别克轿车的霍尔式曲轴位置传感器为例，曲轴位置传感器的控制电路如图6-6所示。曲轴位置传感器的3端子分别为电源、信号和搭铁。当飞轮齿槽通过传感器时，霍尔传感器输出脉冲信号，高电位为12V，低电位为0.3V。

1）检测传感器的输出信号。关闭点火开关，在曲轴位置传感器的信号线路上串接一个发光二极管，起动发动机，观察发光二极管的闪烁情况，发光二极管应有规律闪烁，否则说明曲轴位置传感器信号不良。此外，起动发动机，也可以使用万用表测量曲轴位置传感器信号端子B与搭铁C之间的电压值，应在0.3~12V之间变化，否则说明曲轴位置传感器信号有故障。

2）检测传感器的电源电压。关闭点火开关，拔下曲轴位置传感器3芯插头，打开点火开关，用万用表电压档测量曲轴位置传感器端子A与搭铁C之间的电压值，应为12V（蓄电池电压），否则说明曲轴位置传感器的电源线路有故障。

3）检测传感器的电阻。关闭点火开关，拔下曲轴位置传感器3芯插头，用万用表电阻档测量曲轴位置传感器端子A与C及A与B之间的电阻，电阻值应为无穷大，否则说明曲轴位置传感器损坏。

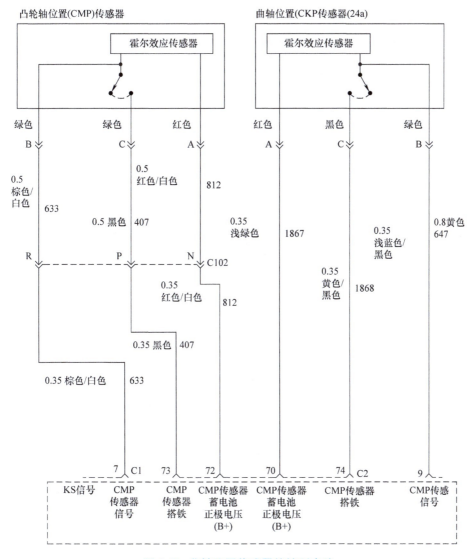

图 6-6 曲轴位置传感器的控制电路

6.2 凸轮轴位置传感器

1. 概述

如图 6-7 所示，凸轮轴位置（CMP）传感器由永久磁铁、软铁心组成，外面缠有线圈，安装在气缸盖上。当凸轮轴转动时，凸轮轴上的信号盘就会激活传感器中的内置永久磁铁，在线圈中产生电压。传感器中生成的电压是一种信号，可以使 ECM/PCM 确定凸轮轴位置，以便控制点火正时和燃油喷射正时。

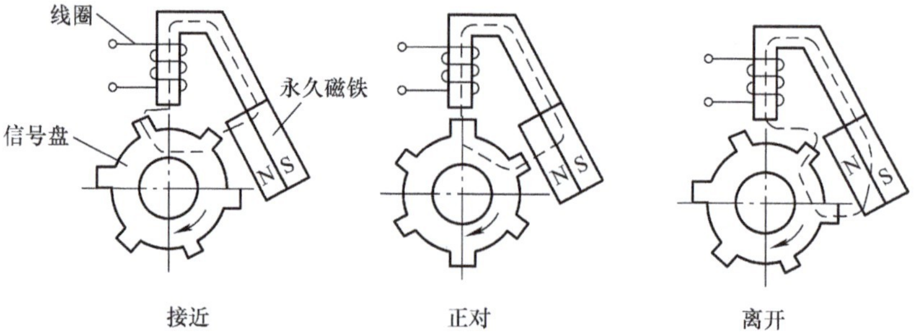

图 6-7　凸轮轴位置传感器原理

2. 检测方法

1）以丰田凯美瑞轿车为例，用万用表测量 CMP 传感器线束侧的插头端子 1 和端子 2 之间的电阻值，如图 6-8 所示。当在 -10～50℃时，该电阻值应为 835～1400Ω；当在 50～100℃时，该电阻值应为 1060～1645Ω。如果不符合规定，则更换凸轮轴位置传感器。

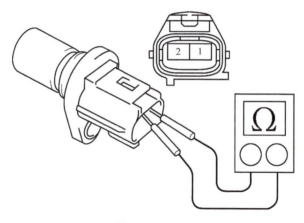

图 6-8　检查 CMP 传感器电阻

2）如图 6-4 所示，检查凸轮轴位置传感器上端子 99 或端子 98 与屏蔽线端子之间的电阻值，应为无穷大；如果电阻不是无穷大，则应更换凸轮轴位置传感器。

6.3　爆燃传感器

1. 概述

爆燃传感器（KS）主要用于检测爆燃信号，以便调整点火正时使爆燃减轻到最低程度，其位于发动机缸体上（图 6-9）。爆燃传感器是一种振动加速度传感器，在发动机振动时产生一个振荡电压信号输送到 ECU（或 ECM/PCM）。一旦检测到爆燃现象的发生，ECU（或 ECM/PCM）就会逐步延迟点火，直至爆燃消除；爆燃消除一段时间后，如果再没有发生爆燃，ECU（或 ECM/PCM）又会逐步恢复原来的点火正时，即对点火正时进行闭环控制。因此，爆燃传感器是 ECU（或 ECM/PCM）进行点火正时闭环控制的专用传感器。

爆燃传感器发生故障时,闭环控制失效,为了避免爆燃对发动机造成的伤害,ECU会在储存相应故障码的同时,将各缸的点火正时均延迟一定值(如丰田车延迟 8°,大众车延迟 15°),此时,发动机的动力性和经济性均会有所下降。

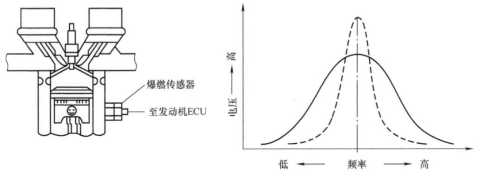

图 6-9 爆燃传感器原理

汽车上常见的爆燃传感器有磁致伸缩式和压电式两种形式,虽然工作原理有所不同,但检测爆燃的方法却基本一样,都是通过检测发动机缸体或缸盖的振动状态来判断是否发生爆燃。

(1) 磁致伸缩式爆燃传感器

磁致伸缩式爆燃传感器为共振型爆燃传感器,这种传感器应用于通用、日产等部分汽车上。如图 6-10 所示,磁致伸缩式爆燃传感器主要由感应线圈、磁致伸缩杆、永久磁铁和外壳等组成,其伸缩杆用高镍合金制成,伸缩杆的一端安装有永久磁铁,另一端安放在弹性部件上。感应线圈绕制在伸缩杆的周围,其两端作为信号输出端与发动机 ECU 相连。

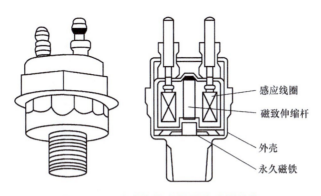

图 6-10 磁致伸缩式爆燃传感器结构

当发动机缸体产生振动时,传感器的伸缩杆就会随之产生振动,感应线圈中的磁通量就会发生变化。由电磁感应原理可知,线圈中就会感应产生交变电动势,即传感器就会有信号电压输出,输出电压的高低取决于发动机的振动强度和振动频率。当发动机机体的振动频率达到 6~9kHz 时,与传感器伸缩杆的固有频率一致,因而发生共振,传感器信号电压的幅值大幅增大,如图 6-11 所示,ECU 通过该信号电压值即可判断爆燃的发生情况。

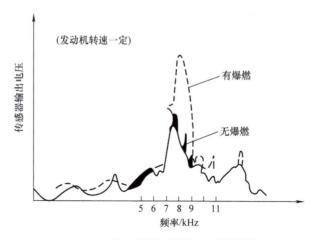

图 6-11　磁致伸缩式爆燃传感器信号

(2)压电式爆燃传感器

压电式爆燃传感器在汽车上的应用最为广泛,它主要由套筒、压电元件、惯性配重、塑料壳体等组成,如图 6-12 所示。压电元件制成垫圈形状,在其两个侧面上制有金属垫圈作为电极,并用导线引到接线插接器上。惯性配重用于传递发动机机体振动所产生的惯性力,其与压电元件之间、压电元件与传感器套筒之间均装有绝缘垫圈。传感器接线插接器上有三根引线,其中两根为信号线,一根为屏蔽线。

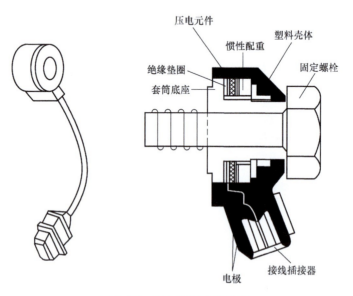

图 6-12　压电式爆燃传感器

传感器被安装在发动机机体上,当发动机机体产生振动时,传感器的惯性配重随之振动,其惯性力作用在压电元件上,使压电元件产生相应的电压,电压的幅值和频率随振动状态的变化而变化。图 6-13 所示为不同转速时压电式爆燃传感器的信号波形。

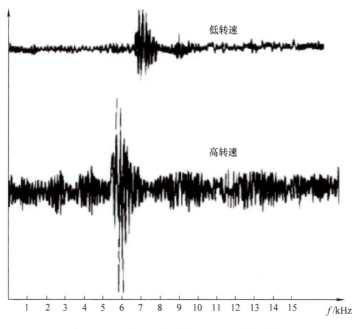

图 6-13　压电式爆燃传感器的信号波形

2. 检测方法

(1) 检查 KS 传感器电阻

以丰田凯美瑞为例,将点火开关置于 OFF 位置,拔下爆燃传感器 C30 上的插接器,用万用表电阻档检测爆燃传感器的 1 号端子与 2 号端子(图 6-14)的电阻。当 20℃时应为 120～280kΩ,如果不符合规定则更换爆燃传感器。丰田凯美瑞爆燃传感器电路如图 6-15 所示。

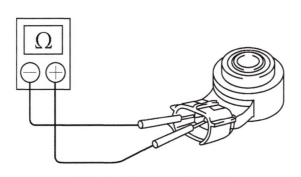

图 6-14　检查 KS 传感器电阻

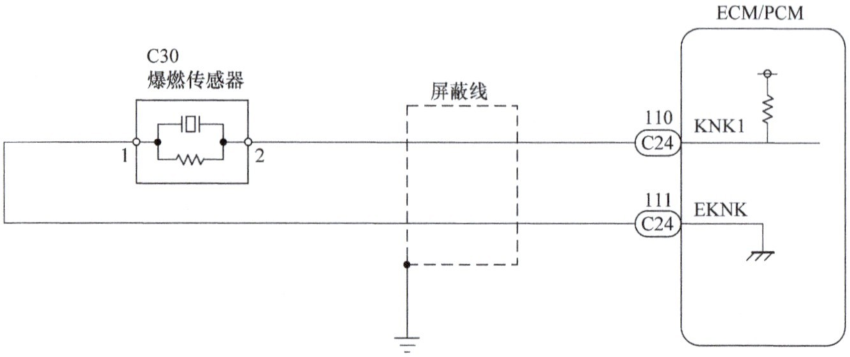

图 6-15　爆燃传感器电路

（2）检查 KS 输出信号

将万用表旋到 mV 档，用橡胶锤敲击发动机缸体，此时测量爆燃传感器，应有脉冲电压输出。否则，应更换爆燃传感器。

6.4　氧传感器

1. 普通氧传感器（HO_2S）

（1）概述

普通氧传感器（HO_2S）是指安装在三元催化转化器（TWC）后面，并远离发动机总成的传感器。三元催化转化器（TWC）用于转化一氧化碳（CO）、碳氢化合物（HC）、氮氧化物（NO_x）为无害的物质。氧要最有效地使用 TWC，必须准确控制空燃比，使其接近理论空燃比。通过使用加热型氧（HO_2S）传感器，可以帮助 ECM 实现空燃比的准确控制。由于传感器与加热感应部分的加热器集成于一体，即使在进气量较低（废气温度低）的情况下，也能检测氧浓度。

氧传感器的结构和原理如图 6-16 所示。氧传感器外侧与排气接触，而内侧有大气进入。传感器的中心部位由在筒状氧化锆元素内外贴上铂电极膜的元件以及加热器构成。当混合气过稀时，废气中氧浓度将变浓。氧传感器会通知 ECM 经过 TWC 后的混合气过稀（低电压，即小于 0.45V）。相反，当混合气过浓时，废气中氧浓度将变稀。氧传感器通知 ECM 经过 TWC 后的混合气过浓（高电压，即大于 0.45V）。氧传感器具有在空燃比接近理论值时能大幅度改变其输出电压的性能。ECM 使用氧传感器输出的辅助信息来确定经过 TWC 的混合气是过浓还是过淡，并相应地控制喷射时间。如果因端子故障而造成氧传感器无法正常运行，则 ECM 就不能对初始空燃比控制的偏离进行补偿。

（2）检修方法

1）检查氧传感器电源电压。以丰田凯美瑞为例，氧传感器在工作时，使用万用表测量氧传感器 2 号端子与接地之间（图 6-17）的电压，应为 9~14V（根据车型不同，情况也会有变化），否则应检修氧传感器线路故障。

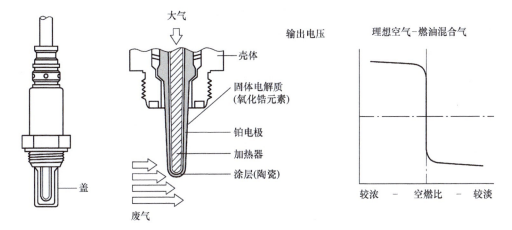

图 6-16　氧传感器的结构与原理

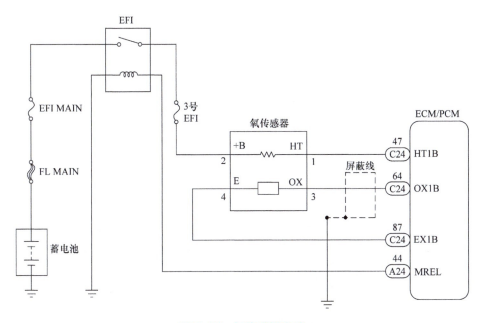

图 6-17　氧传感器电路

2）检查氧传感器输出信号。使用万用表测量 OX 与 E 之间的电压值，在理论空燃比时输出电压在 0.45V 上下波动，若不符合规定，说明氧传感器故障。

3）检查氧传感器加热器。在氧传感器端子 1 和 2 处检查氧传感器加热器电阻。在 20℃ 时为 11~16Ω，温度上升很小，电阻就会有很大的提高。

2. 空燃比（A/F）传感器

（1）概述

A/F 传感器主要控制空燃比，它作为排气控制的主要信号，向 ECM 发送改变燃油喷射持续时间的信号。A/F 传感器安装在三元催化转化器（TWC）前部，在发动机总成附近（图 6-18）。空燃比传感器调节精准，可实现任何工况下的喷油量的"闭环调节"。混合气浓度高时为正值，浓度低时为负值。

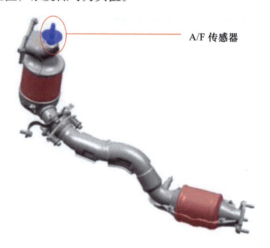

图 6-18　A/F 传感器位置

　　以本田汽车为例，其所使用的 A/F 传感器有 2 种，即四线型 A/F 传感器（极限电流式）和五线型 A/F 传感器（泵氧式）。如图 6-19 所示，四线型 A/F 传感器（极限电流式）有四个接线头，主要用于 L4 车，从外观上看与其他氧传感器基本没有区别，因此比较难以区分。如图 6-20 所示，五线型 A/F 传感器（泵氧式）在传感器侧有五个接线头，在 ECM/PC 侧有七个接线头。在传感器侧的插接器处有一个电阻（制造时用于识别个体差异），主要用于 V6 车。与四线型 A/F 传感器相比，其在浓度低一侧精度很高。

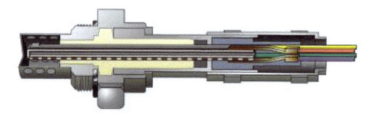

图 6-19　四线型 A/F 传感器

图 6-20　五线型 A/F 传感器

（2）工作原理

　　ECM 利用来自空燃比（A/F）传感器的信号控制空燃比并使其接近理论水平。这样可使三元催化转化器（TWC）净化能力最大化。

空燃比（A/F）传感器在氧化锆元件与加热器之间设有一个排出气体不能进入的大气导入室。氧化锆元件与扩散层之间有一个排出气体检测室，这是为了限制扩散层通过的排气量。而在氧化锆元件的大气侧与排气侧各有一个铂电极。进入排气检测室的排出气体，被扩散层控制在一定量内，因此，对氧化锆元件加载电压，当浓度低时将排气检测的氧气吸到大气检测室，而在浓度高时从大气导入室吸入到排气检测室内，这样就可以用排气检测室内的 A/F 来得到理论空燃比。为了使排气检测室内保持理论空燃比，加载电压后使氧气移动时，与排气 A/F 相对应的氧气就会通过氧化锆元件。由于通过 AF+ 与 AF- 间的电流值与其氧气量是成比例的，因此通过测定电流，就可以得到此时的排气的 A/F。

（3）检测方法

1）检查 A/F 传感器电源电压。以丰田凯美瑞为例，在 A/F 传感器工作时，使用万用表测量 A/F 传感器 +B 端子与接地之间（图 6-21）的电压，应在 9～14V（根据车型不同，情况也会有变化），否则应检修 A/F 传感器线路是否有故障。

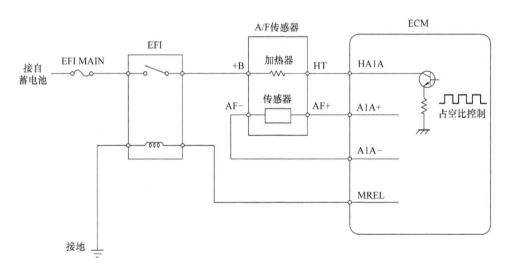

图 6-21　A/F 传感器电路

2）检查 A/F 传感器输出信号。使用万用表测量 AF+ 与 AF- 之间的电压值，在理论空燃比时输出电压在 3.3V 上下波动，若不符合规定说明 A/F 传感器故障。

3）检查 A/F 传感器加热器。在 A/F 传感器端子 HT 和 +B 处检查 A/F 传感器加热器电阻，在 20℃时为 1.8～3.4 Ω。

6.5　进气压力传感器

1. 概述

进气压力传感器也称进气歧管绝对压力（MAP）传感器，它是一种间接测量发动机进气量的传感器，其功用是通过检测节气门至进气歧管之间的进气压力来检测发动机的负荷状况,并将压力信号转换为电信号输入 ECM/PCM,以供 ECM/PCM 计算确定喷油(即喷油量)和点火时间。如果进气压力传感器工作不良,则一般会使发动机出现起动困难、怠速抖动、加速无力、油耗增大、排放超标等故障。

在发动机燃油喷射系统中,如果安装了进气压力(MAP)传感器,则无须安装空气流量传感器;反之,如果安装了空气流量传感器,则无须安装进气压力传感器。进气压力传感器一般位于进气总管上,但是只要将节气门至进气歧管之间的进气压力引入传感器,也可以将传感器安装在任何位置。进气压力传感器的外形及安装位置如图 6-22 所示。

图 6-22　进气压力传感器的外形及安装位置

以压敏电阻式进气压力传感器为例,MAP 传感器有一个密封的硅膜片和一个真空室,硅膜片的变化量由 IC 放大电路产生一个与输入压力成正比的,与参考电压成比例的输出电信号,如图 6-23 所示。

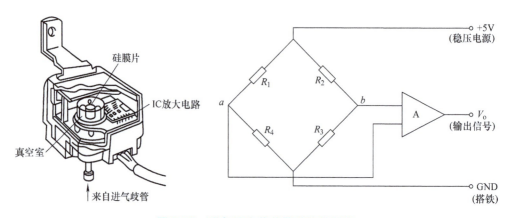

图 6-23　进气压力传感器结构与原理

2. 检修方法

(1) 检查真空软管的连接情况

仔细检查传感器的真空软管与节气门体的连接情况。

（2）传感器参考电压的检测

以通用别克轿车为例，进气压力传感器根据引脚一般可分为三线式和四线式。三线式传感器的引脚分别为5V电源线、搭铁线和信号线，如图6-24所示；四线式进气压力传感器的另一个引脚为进气温度传感器信号线。检测时接通点火开关，电源线的开路电压约为5V；怠速时，端子B信号电压约为1.25V；节气门全开时，端子B信号略低于5V；全减速时，端子B信号接近0V。

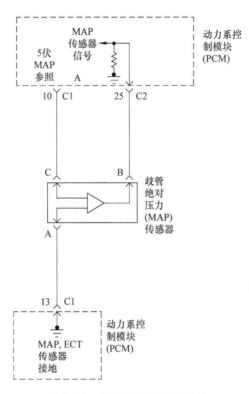

图6-24　进气压力传感器电路

6.6　空气流量传感器

1. 概述

空气流量（MAF）传感器是测量通过节气门的空气流量的传感器。ECM/PCM利用该信息来确定燃油喷射时间，并提供合适的空燃比。如图6-25所示，在MAF传感器内侧有一个暴露在进气气流中的加热式铂热丝，由铂热丝形成桥式电路，并且通过控制功率晶体管将铂热丝的温度控制在某个值上。铂热丝发出热量，而它周围的进气流又会把热量带走。进气流量越大，带走的热量就越多。因此，进气流量增加时，提供给铂热丝的电流也会变大，以维持铂热丝的温度恒定。ECM/PCM通过这一电流的变化检到进气流量。

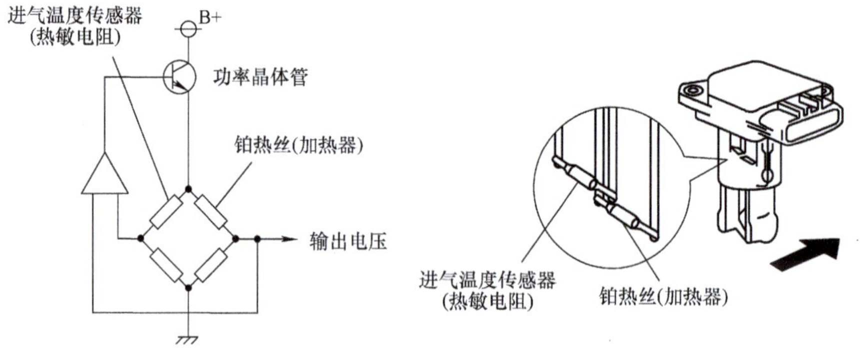

图 6-25 空气流量传感器原理

2. 检修方法

如图 6-26 所示，以丰田凯美瑞轿车空气流量传感器为例，空气流量传感器的检测方法如下。

（1）检查 MAF 传感器电源电压

首先断开 C2 空气流量（MAF）传感器插接器，然后将点火开关转到 ON 位置，发动机不起动，用万用表测量空气流量传感器的 +B 电源电压，应为 9～14V。若无电压，则排除蓄电池至空气流量传感器电源之间断路或熔丝熔断故障。

（2）检查 MAF 传感器输出信号

首先断开 C2 空气流量传感器插接器，然后在端子 +B 和 E2G 之间施加蓄电池电压，最后将万用表正极（+）表笔和端子 VG 连接，将万用表负极（-）表笔与端子 E2G 连接，VG 与 E2G 端子之间的电压应为 0.2～4.9V。若不符合要求，应更换空气流量传感器。

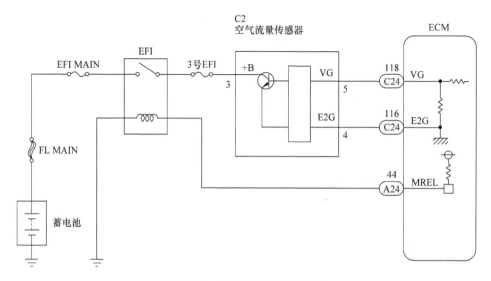

图 6-26 空气流量传感器电路

6.7 冷却液温度传感器

1. 概述

发动机冷却液温度（ECT）传感器用来检测发动机冷却液的温度。该传感器利用了一个对温度改变敏感的热敏电阻，它内置于发动机冷却液温度传感器内（图6-27），其电阻值会随温度的升高而变小。

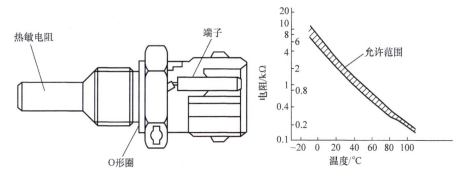

图6-27 发动机冷却液温度传感器原理

2. 检测方法

（1）检查ECT传感器电阻

1）将点火开关置于OFF位置，拆卸冷却液温度传感器导线插接器，用数字式高阻抗万用表电阻档测试传感器两端子的电阻值，其电阻值与温度的高低成反比，在热机时（丰田轿车）应小于1kΩ。

2）拆下冷却液温度传感器，将冷却液温度传感器置于热水中，如图6-28所示。用数字式高阻抗万用表电阻档测试不同温度下冷却液温度传感器两端子之间的电阻值，其值应符合规定，否则应更换传感器。如丰田轿车冷却液温度传感器在20℃时，电阻为2.2kΩ；80℃时为0.25kΩ。

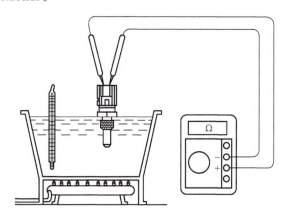

图6-28 车下检查ECT传感器电阻

（2）检查 ECT 传感器输出信号

装好冷却液温度传感器，将此传感器的导线插接器插好，当点火开关置于 ON 位置时，在冷却液温度传感器导线插接器 THW 端子或 ECM/PCM 插接器 THW 端子与 E2 间测试传感器输出电压信号。如丰田车 THW 与 E2 端子间电压在 80℃时应为 0.25~1.0V。此外，所测得的电压值应随冷却液温度成反比变化。

6.8 进气温度传感器

1. 概述

进气温度（IAT）传感器内置在质量型空气流量传感器中。传感器检测空气进气温度并转换为 ECM/PCM 信号。该传感器利用了一个对温度改变敏感的热敏电阻，其电阻值可随进气温度而改变。如图 6-29 所示。在温度较低时，热敏电阻值升高，当温度上升时，电阻值降低。

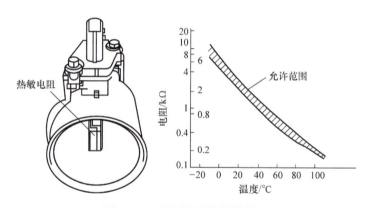

图 6-29　进气温度传感器原理

2. 检测方法

（1）检查 IAT 传感器电阻

用万用表检测进气温度传感器的电阻，然后与标准值比较，如果测得阻值过大、过小或无穷大，说明传感器失效，应更换进气温度传感器。如丰田轿车在 20℃时电阻值为 2.21~2.69kΩ，在 80℃时电阻值为 322Ω。

（2）检查 IAT 传感器输出信号

如图 6-30 所示，拔下进气温度传感器插头，接通点火开关，用万用表测量插头上 THA 端子与 E2 端子之间的电压值，应为 5V。若无电压，则应检查 ECM 插接器上 THA 端子与 ETHA 端子之间的电压值。若此电压为 5V，则表明 ECM 与传感器之间的连接线路有故障；若无 5V 电压，则为 ECM 有故障。插回插头，起动发动机，测量传感器 THA 端子与 E2 端子之间在不同温度下的电压值，该电压值应在 0.1~4.5V 之间变化（车型不同略有差异，但变化规律基本上是相同的）。如果测量值与规定值不符，则说明进气温度传感器有故障或者损坏，应予以更换。

图 6-30 IAT 传感器电路

(3)检测 IAT 传感器与 ECM 之间连接线束的电阻值

用数字式万用表的电阻档测量传感器信号端子与 ECM 信号端子之间连接线束及传感器搭铁端子与 ECM 搭铁端子之间的电阻值,此时线束应导通,且电阻值应小于 1Ω,否则说明该线束短路或接线端子的接触不好,应继续检查或更换线束。

6.9 节气门位置传感器

1. 概述

(1)作用

节气门位置(TP)传感器是汽车电子控制系统中最重要的传感器之一,主要用于发动机电子燃油喷射系统和电控自动变速器系统。如图 6-31 所示,节气门位置传感器安装在节气门体上节气门轴的一端,探测或监测节气门开度的大小和变化的快慢,并把位置信号转变为电信号后输入电控单元,用于判别发动机的各种工况,从而控制不同的喷油量和点火正时。在装备电子控制自动变速器的汽车上,节气门位置传感器信号是变速器换档和变矩器锁止时的主要信号。

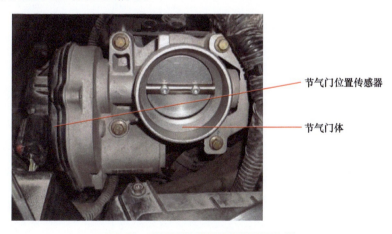

图 6-31 节气门位置传感器安装位置

（2）类型

传统的拉索控制式节气门配备的节气门位置传感器，按总体结构分为触点开关式、滑动电阻式、怠速开关与滑动电阻整合的综合式。新型的智能电子节气门控制系统所用的节气门位置传感器，常见的有线性双霍尔式和双滑动电阻式两种。丰田凯美瑞、卡罗拉等采用了霍尔式节气门位置传感器，日产天籁、通用凯越汽车采用了双滑动电阻式节气门位置传感器。

2. 霍尔式节气门位置传感器

（1）结构原理与安装位置

以丰田凯美瑞轿车为例，它采用了非接触式双霍尔元件式节气门位置传感器，其结构如图6-32所示。它主要由霍尔元件和磁铁组成，其中磁铁安装在节气门轴上，并可以绕霍尔元件转动。

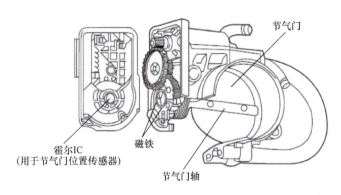

图6-32　霍尔式节气门位置传感器结构

霍尔式节气门位置传感器的控制电路及信号输出的特性如图6-33所示。当节气门开度变化时，磁铁随之转动，从而改变了与霍尔元件之间的相对位置，霍尔集成电路由磁轭环绕。霍尔集成电路将磁通量产生的变化转换为电信号，并以节气门位置信号的形式将其输出至ECM。

节气门位置传感器有两个传感器电路，它们分别发送VTA1和VTA2信号。VTA1用来检测节气门开度，VTA2用来检测VTA1的故障。传感器信号电压在0～5V之间变化，其变化幅度与节气门的开度成比例，信号将被发送到ECM/PCM的VTA端子。

节气门关闭时，传感器输出电压降低。节气门打开时，传感器输出电压增加。ECM/PCM根据这些信号计算节气门开度，并控制节气门执行器来适应驾驶情况。这些信号还会用在空燃比校正、供电增加校正和燃油切断控制等计算中。

（2）霍尔式节气门位置传感器检测方法

1）检查TP传感器电源电压。断开节气门位置传感器插接器C5插头，然后将点火开关转到ON（IG）位置，用数字式万用表测量VC与E2（图6-34）之间的电压，应为4.5～5.5V。如电压值不正常，则应检查线路或ECM/PCM故障。

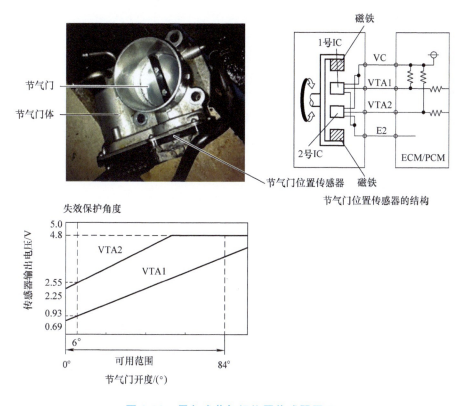

图 6-33　霍尔式节气门位置传感器原理

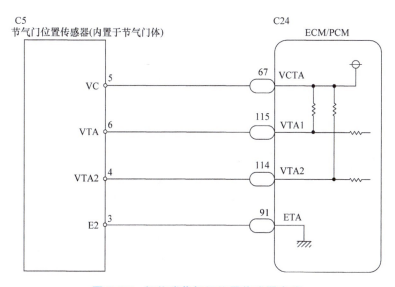

图 6-34　凯美瑞节气门位置传感器电路

2）检查 TP 传感器输出信号。起动发动机，然后使用数字式万用表检测 6 号 VAT1 端子与 3 号接地端子的信号电压，应在 0～5V 之间变化，其变化幅度与节气门的开度成正比，否则说明 TP 传感器故障，应更换节气门体（节气门位置传感器内置于节气门体）。

3）检测 TP 传感器与 ECM 之间连接线束的电阻值。分别用数字式万用表的电阻档测量传感器信号端子 VC 与 ECM 信号端子 VCTA 之间连接线束、传感器信号端子 VTA 与 ECM 信号端子 VTA1 之间连接线束、传感器信号端子 VTA2 与 ECM 信号端子 VTA2 之间连接线束及传感器搭铁端子 E2 与 ECM 搭铁端子 ETA 之间的电阻值，此时线束应导通，且电阻值应小于 1Ω，否则说明该线束短路或接线端子的接触不好，应继续检查或更换线束。

3. 滑动电阻式节气门位置传感器

（1）结构原理

滑动电阻式节气门位置传感器又称线性输出式节气门位置传感器、可变电阻式节气门位置传感器、电位计式节气门位置传感器。目前双可变电阻式节气门位置传感器正被大量应用到汽车中。

滑动电阻式节气门位置传感器为三线式传感器，其中两个针脚处于电阻的两端，并作为电源端子和搭铁端子由发动机 ECM 提供 5V 电压，第三个针脚连接于滑动触点。节气门轴与触点（或称触头）联动，节气门转动时，滑动触点可在电阻上移动，引起滑动触点电位的变化，利用电阻的变化将节气门位置信号转换成电压值，如图 6-35 所示。因为这个电压呈线性变化，所以也称为线性输出式节气门位置传感器。根据这个线性电压值，ECM 可感知节气门的开度，并进行喷油量修正。

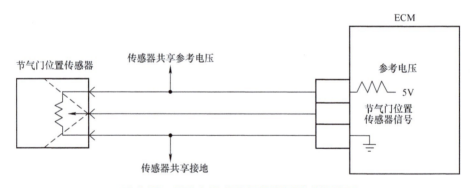

图 6-35 滑动电阻式节气门位置传感器原理

（2）检测方法

以别克凯越轿车为例，节气门位置传感器电路如图 6-36 所示。发动机控制模块给节气门位置传感器提供 5V 参考电压，并向低参考电压电路提供接地。节气门位置传感器所提供的信号电压随节气门开度的变化而变化。节气门位置传感器电压在怠速运行时一般接近 0V，但也可能高达 0.5V。在节气门全开（WOT）时，节气门位置传感器电压应增加到 4V 以上。节气门位置传感器检测步骤如下：

1）关闭点火开关，断开节气门体总成上的线束接头。

2）测量节气门位置传感器 5V 参考端子 2 和低压参考端子 1 之间的电阻是否在

5.0~5.3kΩ 间。如果电阻不在规定范围内，则更换节气门体总成。

3）测量节气门体总成信号端子3与低压参考端子1之间的电阻。在全范围内检测节气门位置传感器。电阻应在 2.5~6.8kΩ 间变动，并无任何高峰或低谷。如果电阻不在规定范围内或不稳定，应更换节气门体总成。

4）用5V电压和接地连接节气门位置传感器的适用端子，检测信号端子与低压参考端子间的电压。在全范围内检测节气门位置传感器。电压应在 0.6~4.7V 间变动，并无任何高峰或低谷。如果电压不在规定范围内或不稳定，更换节气门体总成。

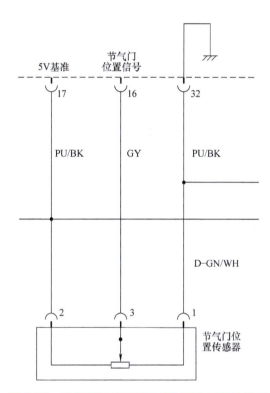

图 6-36 别克凯越轿车节气门位置传感器电路图

第7章 汽车执行器检测

7.1 继电器

1. EFI 主继电器

（1）结构和工作原理

EFI 主继电器一般多采用滑阀型，如图 7-1 所示。图 7-2 所示为 EFI 主继电器电路。当接通点火开关时，电流通过主继电器线圈，滑阀被吸引，触点闭合，于是电源向 ECU（+B 或 B1）供电；当断开点火开关时，主继电器触点打开，切断 ECU 电源电路。

 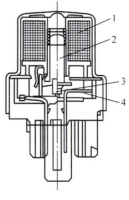

a）外观　　　　　　　　b）内部结构

图 7-1　EFI 主继电器

1—线圈　2—滑阀（衔铁）　3—调整块　4—触点

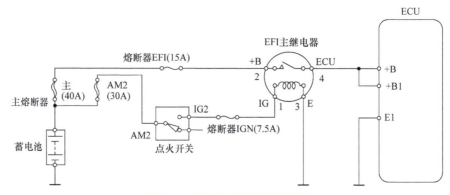

图 7-2　丰田车系主继电器电路

（2）检测

1）用万用表电阻档测量其端子 1 与 3 之间的导通性应导通，端子 2 与 4 应不导通，如图 7-3 所示。

2）在端子 1 与 3 之间施加 12V 电压，用万用表电阻档测量端子 2 与 4 之间的导通性应导通（电阻值为零），如图 7-4 所示。

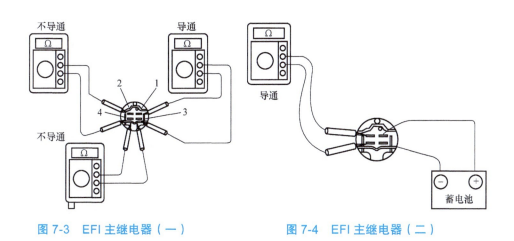

图 7-3　EFI 主继电器（一）　　　　　图 7-4　EFI 主继电器（二）

2. 开路继电器

开路继电器的电路如图 7-5 所示。

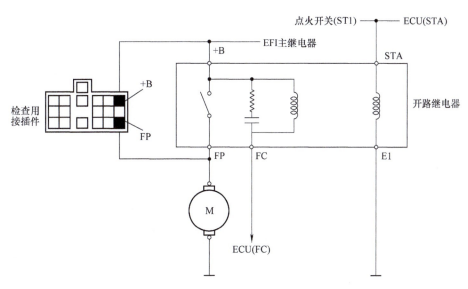

图 7-5　丰田车系开路继电器的电路

1）拔下开路继电器，用万用表电阻档测量其端子 STA 与 E1 之间的导通性，应导通，端子 B 与 FC 之间应导通，端子 B 与 FP 之间应不导通，如图 7-6 所示。

2）如图 7-6 所示，在端子 STA 与 E1 之间施加 12V 电压时，用万用表电阻档测量端子 B 与 FP 之间的导通性，应导通；在端子 +B 与 FC 之间施加 12V 电压时，端子 B 与 FP 之间应导通。

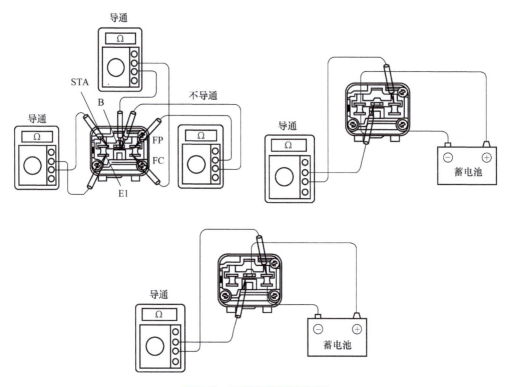

图 7-6　开路继电器的检测

7.2　喷油器

1. 结构

（1）普通喷油器

1）普通喷油器可以分为轴针式喷油器和孔式喷油器，具体如下：

① 轴针式喷油器。轴针式喷油器主要由滤网、线束插接器、电磁线圈、回位弹簧、衔铁和针阀等组成，针阀与轴针制成一体，如图 7-7 所示。这类喷油器喷口不易堵塞，但响应较差。

② 孔式喷油器。孔式喷油器与针式喷油器的主要区别是阀门不是针阀而是球阀，如图 7-8 所示。它的喷口有 6~8 个喷孔，雾化质量较好，响应速度快，但容易堵塞。

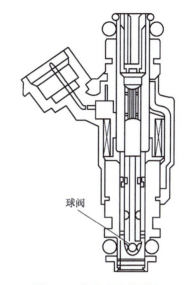

图 7-7 轴针式喷油器结构　　　　图 7-8 孔式喷油器结构

2）工作原理。当喷油器不喷油时，回位弹簧通过衔铁使针阀紧压在阀座上，防止滴油。当发动机控制单元（ECU 或 ECM/PCM）给喷油器电路提供一个搭铁信号后，喷油器里的电磁线圈就被通电，此时产生电磁吸力，将衔铁吸起并带动针阀离开阀座，同时回位弹簧被压缩，燃油经过针阀并由轴针与喷口的环隙或喷孔中喷出，如图 7-9 所示。当电磁线圈断电时，电磁吸力消失。回位弹簧迅速使针阀关闭，喷油器停止喷油。

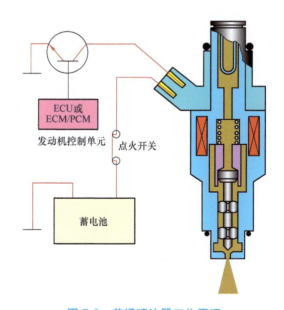

图 7-9　普通喷油器工作原理

（2）高压喷油器

高压喷油器主要由喷嘴针、压电元件、热补偿器三个总成组成，如图 7-10 所示。

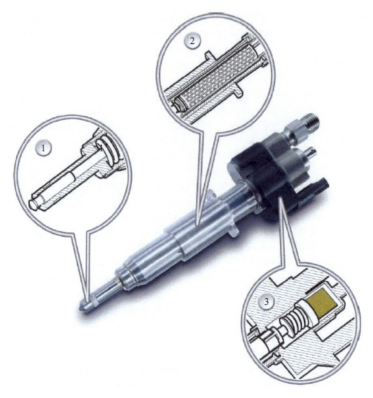

图 7-10 高压喷油器
1—喷嘴针 2—压电元件 3—热补偿器

压电元件通电后膨胀，使喷油器的喷嘴针向外伸出阀座。此外，喷油器装有一个热补偿元件，其作用是承受喷油器阀门开启产生的温度变化。只有采用高压喷油器才能实现缸内直接喷射，这种喷油器可产生最高 20000kPa 的喷射压力并使喷嘴针以极快的速度打开，从而实现燃油喷射。

2. 检测方法

（1）用听诊器检查喷油

在发动机工作时，用听诊器或用手触摸检查喷油器开闭时的振动或声响，如果感觉无振动或听不到声响，说明喷油器或喷油器电路有故障。

（2）断缸检查喷油器

在发动机工作时，逐一拔下喷油器插接器，如果发动机转速下降，且不稳，则说明该缸喷油器良好；如果发动机转速未发生任何变化，则说明该喷油器有故障。

注意：在发动机工作时，使用该方法进行断缸试验有可能会产生发动机故障码，一般情况下不予采用。

（3）测量喷油器电阻

拆开喷油器线束插接器，用万用表测量喷油器两端子之间的电阻（图 7-11），低阻值喷油器应为 2～3Ω, 高阻值喷油器应为 13～16Ω, 否则应更换该喷油器。

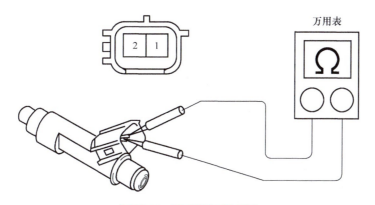

图 7-11 测量喷油器电阻

（4）通电测试喷油器

如图 7-12 所示，将 12V 蓄电池接到喷油器插接器的一个端子上，将另一个端子重复地与搭铁点接通与断开。如果每次搭铁时，喷油器都能发出短促的"嗒嗒"声，则说明喷油器良好；否则说明喷油器有故障，应更换新的喷油器。

图 7-12 通电测试喷油器

7.3 电动燃油泵

1. 结构

电动燃油泵的功用是提供燃油喷射所需要的具有一定压力的燃油，它由直流电动机和燃油泵连成一体密封在同一壳体内。电动燃油泵按结构可分为涡轮式、滚柱式以及转子式，常见的类型有涡轮式和滚柱式两种。

（1）涡轮式电动燃油泵

如图 7-13 所示，涡轮式电动燃油泵主要由燃油泵电动机、涡轮泵、出油阀、卸压阀组成。涡轮式电动燃油泵工作时叶轮旋转，叶轮边缘的叶片把燃油从入口压向出口。

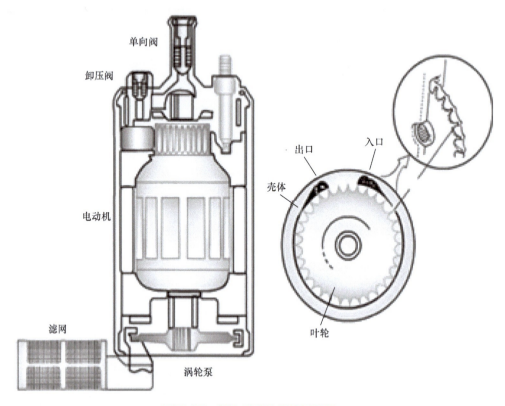

图 7-13　涡轮式电动燃油泵结构

（2）滚柱式电动燃油泵

滚柱式电动燃油泵主要由驱动电动机、滚柱泵、安全阀、止回阀和阻尼减振器等组成，如图 7-14 所示。滚柱式电动燃油泵工作时进油口容积增大，形成一定的真空，将经过过滤的汽油吸入泵内。而在出油口处，容积变小，压力升高，汽油穿过直流驱动电动机推开单向阀（止回阀）输出。

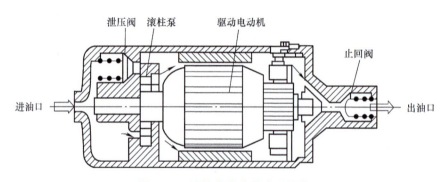

图 7-14　滚柱式电动燃油泵结构

2. 检测方法

（1）电动燃油泵阻值检测

拔下电动燃油泵插接器的插头，用数字式万用表测量燃油泵两端子之间的电阻（图7-15），应为 2~7Ω。若所测阻值远小于 2Ω，则说明电动燃油泵电动机线圈短路；若阻值大于 7Ω，则说明电动燃油泵电刷接触不良；若所测阻值为无穷大，则说明电动机线圈断路。

（2）电动燃油泵工作状态的检查

如图 7-16 所示，用蓄电池给燃油泵 1 号和 2 号端子通电，检查燃油泵的运行情况。如果泵不工作，则更换燃油泵。通电测试必须在 10s 内完成，否则燃油泵线圈有烧坏的危险。

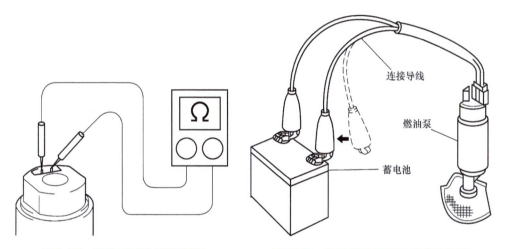

图 7-15　电动燃油泵阻值检测　　　图 7-16　电动燃油泵工作状态的检查

（3）电动燃油泵供电电压检测

拔下电动燃油泵导线插接器的插头，将点火开关置于 ON 位置，测量导线插接器插头上红色线（个别车辆为其他颜色的导线）对应端子与搭铁之间的电压，应为 12V；若无电压，则应检查燃油泵熔丝是否熔断。

（4）电动燃油泵继电器检测

从中央线路板上拔下电动燃油泵继电器，给其 85 号和 86 号端子施加 12V 电压，若能听到触点的吸合声，则表明电动燃油泵继电器良好，否则应更换。

（5）电动燃油泵泵油量检测

将点火开关置于 OFF 位置，拆掉燃油滤清器接口，短接电动燃油泵继电器 30 号和 87 号端子，观察燃油泵泵油量及泵油压力。电动燃油泵的泵油量应为 550~650mL/30s，泵油压力应为 330~350kPa。

7.4 点火电路

1. 点火电路检测

丰田凯美瑞 2AZ-FE 发动机点火电路如图 7-17 所示。

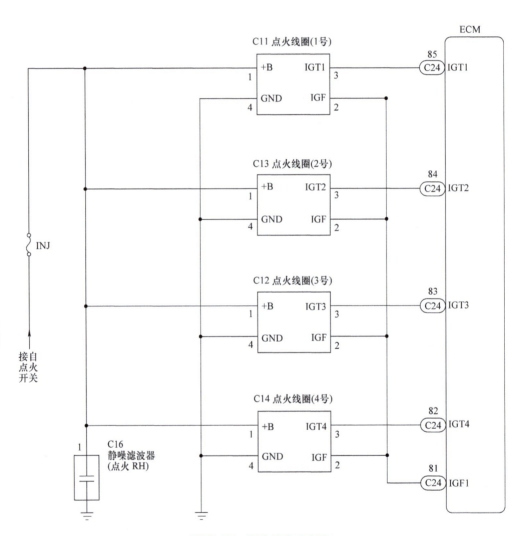

图 7-17 发动机点火电路

检查点火线圈的电源时,将点火线圈插接器拔下,然后将点火开关转到 ON(IG)位置,用数字式万用表测量线束侧插接器端子 1(+B)与 4(GND)之间的电压(图 7-18),电压应为 9~14V。

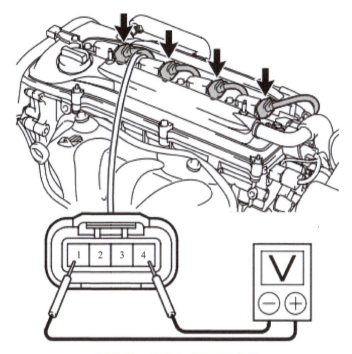

图 7-18　检查点火线圈的电源

2. 火花塞检测

（1）检测火花塞电阻

1）使用万用表电阻档测量火花塞电极之间的电阻，如图 7-19 所示。如果电阻值不在标准值（车型不同标准值有所差异，一般为 5kΩ 左右）的范围内，则更换火花塞。

图 7-19　检测火花塞电阻

2）如图 7-20 所示，使用兆欧表测量点火线圈绝缘电阻，标准绝缘电阻为 10MΩ 或更高。

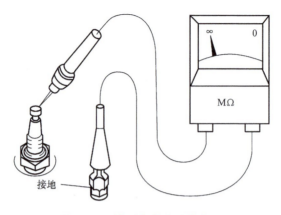

图 7-20 检测火花塞绝缘电阻

（2）检测火花塞间隙

1）注意事项。

① 为避免损坏铱火花塞末梢接头，不得调整火花塞铱端间隙。如果间隙超过规定值，则更换火花塞（铱火花塞）。

② 为了防止损坏铱火花塞端头，在检查火花塞间隙时，使用钢丝型火花塞间隙量规进行测量，如图 7-21 所示。

2）火花塞的电极间隙值。车型不同间隙有所差异，一般为 1.0～1.1mm，如果间隙大于标准值，则更换火花塞。

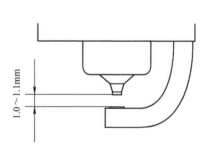

图 7-21 检测火花塞间隙

3. 点火线圈检测

下面以独立点火系统的点火线圈为例，使用万用表检查电阻，具体如下。

1）首先使用万用表检查点火线圈端子 1、3 与 2 之间的电阻值，如图 7-22 所示。

2）检查点火线圈端子 1 与 3 之间的电阻值，应为 ∞，如图 7-23 所示。

3）如果点火线圈的电阻（车型不同，点火线圈的电阻有所差异）与规定不符合，应更换点火线圈。

图 7-22　检查点火线圈端子 1、3 与 2 之间的电阻值

图 7-23　检查点火线圈端子 1 与 3 之间的电阻值

第8章 汽车电控系统检测

8.1 汽车电控单元检测

1. 汽车电控单元的功能结构

汽车电控单元（Electronic Control Unit，ECU）俗称"汽车电脑""行车电脑""车载电脑"，是一种电子综合控制装置。ECU 的主要作用是根据存储的程序和数据对各种传感器输入的信息进行运算、处理、判断，然后输出相应的指令，驱动有关执行器动作，达到快速、准确、自动控制汽车工作的目的。汽车 ECU 外形如图 8-1 所示。

图 8-1 汽车 ECU 外形

（1）电控单元的基本功能

1）接收各种传感器或其他开关装置的输入信号，并将输入信号处理成 ECU 能够处理的信号，如将模拟信号转换成数字信号。

2）提供传感器参考电压，如 5V、9V、12V。

3）存储、计算、分析处理信息，存储运行信息和故障信息，分析输入信息并进行相应的计算处理。

4）输出执行命令，把弱信号变为强信号。

5）输出故障信息。

6）完成多种控制功能，如在发动机控制系统中，ECU 可完成点火控制、燃油喷射控制、怠速控制、排放控制、进气控制等功能。

7）具有失效保护功能。当收到监控回路发出的异常信号时，立即启动备用控制程序，使发动机在各种工况下的喷油量和点火时刻均按原来设定的程序进行控制，实现发动机基本行驶功能。

（2）电控单元的结构组成

电控单元主要由输入回路、A/D 转换器（模/数转换器）、微型计算机（微机）和输出回路四部分组成，如图 8-2 所示。

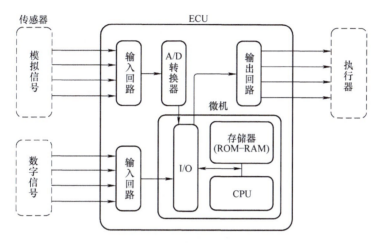

图 8-2　电控单元（ECU）框图

1）输入回路。输入回路的作用是将传感器输入的信号，除去杂波和把正弦波转变为矩形波后，再转换成输入电平。

2）A/D 转换器。A/D 转换器的功用是将模拟信号转变为数字信号。从传感器输入 ECU 的信号有模拟信号和数字信号两种。空气流量传感器、冷却液温度传感器、进气温度传感器、线性输出式节气门位置传感器等向 ECU 输入模拟信号——变化缓慢的连续信号。微型计算机不能直接处理模拟信号，要用 A/D 转换器（模/数转换器）转换成数字信号后再输入微机。

3）微型计算机。微型计算机的作用是根据发动机工作的需要，把各种传感器（经输入回路及 A/D 转换器）送来的信号用内存的程序进行运算处理，并把处理结果（如燃油喷射控制信号、点火控制信号等）送往输出回路。

微型计算机主要由中央处理器（CPU）、存储器（RAM 和 ROM）、输入/输出装置（I/O）和总线等组成。微型计算机内部结构如图 8-3 所示。

中央处理器（CPU）的功用是对数据进行算术、逻辑运算，并对存储器和输入/输出装置接口发出指令。

存储器（RAM 和 ROM）的主要功用是存储信

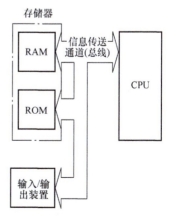

图 8-3　微型计算机内部结构

息资料，一般由几个只读存储器（ROM）和随机存储器（ROM）组成。ROM 是只能读出的专用存储器，其存储内容一次写入后就不能改变，但可以调出使用。ROM 存储的内容是永久的，即使切断电源，其存储内容也不会丢失，通电后又可以立即使用。因此，ROM 适用于存储固定程序和数据，即存放各种永久的程序和永久性、半永久性的数据，如电子控制汽油喷射系统中的一系列控制程序。RAM 的主要功用是存储微型计算机操作时的可变数据，如微型计算机的输入、输出数据和计算机中产生的中间数据等，并且可以根据需要随时调出或改变（改写）其中的数据。RAM 在微型计算机中起暂时存储信息的作用，因此，当电源切断时，所有存入 RAM 的数据完全消失。为了能较长期地保存某些数据，如故障码、空燃比学习修正值等，防止点火开关关断时因电源被切断而造成数据丢失，RAM 一般都通过专用的电源后备电路与蓄电池直接连接。这样可以使它不受点火开关的控制，只有当专用电源后备电路断开或蓄电池上的电源线被拔掉时，存入 RAM 的数据才会消失。

输入/输出装置（I/O）是 CPU 与输入装置（传感器）、输出装置（执行器）间进行信息交换的控制电路。根据 CPU 的命令，输入信号以所需要的频率通过 I/O 接口接收，输出信号则按发出控制信号的形式和要求通过 I/O 接口，以最佳的速度送出（或送入中间存储器）。输入和输出装置一般都要通过 I/O 接口才能与微型计算机连接。

总线是一束传递信息的内部连线。在微型计算机中，中央处理器（CPU）、存储器与 I/O 接口是通过总线连接起来的，它们之间的信息交换均要通过总线进行。总线按传递信息的类别可分为数据总线、地址总线与控制总线 3 种。

4）输出回路。微型计算机输出的是低压数字信号，不能直接驱动执行元件。输出回路的作用就是将微型计算机输出的数字信号转换成可以驱动执行元件的输出信号。输出回路多采用大功率晶体管控制执行元件的搭铁回路，微型计算机输出的信号控制其导通和截止。例如，在控制喷油器的输出回路（图 8-4）中，大功率晶体管的导通和截止为喷油器提供具有一定宽度的脉冲驱动信号。

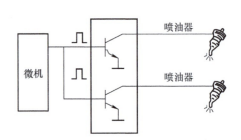

图 8-4　控制喷油器的输出回路

（3）电控单元电源电路

1）发动机控制模块（ECM）控制电路。以丰田车系为例，如图 8-5 所示，在点火开关转到 ON（IG）位置时，电流路线为蓄电池 + → FI 主熔丝→ ST/AM2 熔丝→点火开关 E23 →点火熔丝 IGN →发动机控制模块 A24 插接器 28#（IGSW）端子。蓄电池电压被施加在 ECM 的 IGSW 端子上。ECM 的 MREL 端子所输出的信号使电流通向线圈，闭合发动机室 J/B（EFI 继电器）的触点，从而向 ECM 的 +B 或 +B2 端子供电，即可使发动机控制系统相应的传感器和执行器通电进入工作状态。电流路线为蓄电池 + → FL MAIN 主熔丝→ EFI MAIN 主熔丝→ EFI 主继电器触点→发动机控制模块（ECM）+B、+B2 端子。

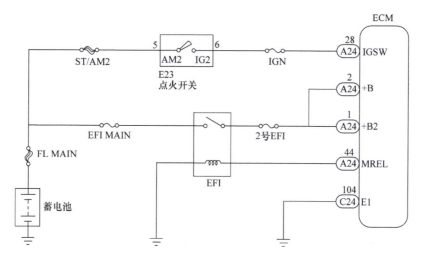

图 8-5 发动机控制模块（ECM）电源电路

2）VC 输出电路。如图 8-6 所示，蓄电池持续提供 5V 电源，通过 +B（BATT）端子用以运行微处理器。发动机控制模块（ECM）也通过 VC 输出电路向传感器供电。

由于发动机控制模块（ECM）内的微处理器和传感器是由 VC 电路供电的，因此当 VC 电路短路时，微处理器和传感器被停用。此时，系统不能起动，即使系统出现故障，故障指示灯（MIL）也不会亮起。

注意：在正常情况下，将点火开关转到 ON 位置时，MIL 将亮起数秒钟，发动机起动后 MIL 熄灭。

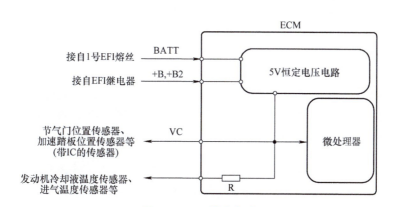

图 8-6 VC 输出电路

3）故障指示灯控制电路。如图 8-7 所示，MIL 用来指示发动机控制模块（ECM）检测到的车辆故障。将点火开关转到 ON（IG）位置时，向 MIL 电路供电，发动机控制模块（ECM）提供电路接地来点亮 MIL。可对 MIL 进行目视检查：如果先将点火开关转到 ON（IG）位置，则 MIL 应亮起，然后熄灭。如果 MIL 保持亮起或不亮，则使用智能测试仪进行故障排除。

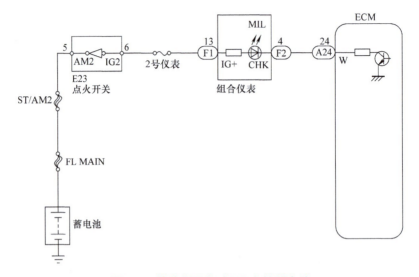

图 8-7　故障指示灯（MIL）控制电路

2. 汽车电控单元检测的项目和方法

（1）检测汽车电控单元的注意事项

用万用表检测电控单元端子的电压和电阻时的注意事项如下。

1）在检测前，应先检查汽车电控单元系统及其他电气系统的熔断器、熔丝及有关的线束插头是否良好。

2）在点火开关处于 ON 位置时，蓄电池电压应不低于 11V。

3）必须使用高阻抗的万用表（阻抗应大于 $10M\Omega/V$），最好使用汽车专用数字式万用表进行检测。

4）必须在电控单元和线束插接器处于连接的状态下测量电控单元各端子的电压，并且万用表的测试笔应从线束插头的导线侧插入测量电控单元各端子的电压，如刺破导线的绝缘外皮可能导致电路接触不良或间歇性故障。

5）不可在未拔下电控单元线束与插接器的状态下，直接测量电控单元各端子的电阻，否则会损坏电控单元。若要拔下电控单元的线束插接器测量各控制线路，则应先拆下蓄电池负极搭铁线。不可在蓄电池连接完好的状态下拔下电控单元的线束插接器，否则可能损坏电控单元。

6）在检测时，应先将电控单元连同线束一同拆下，在线束插接器处于连接的状态下，分别在点火开关关闭、开启及发动机运转状态下测量电控单元各端子与搭铁端子之间的电压。也可以拔下电控单元线束插接器，测量各控制线路的电阻，从而确定控制线路是否正常。

7）连接电控单元线束插头时，将拨杆推到底，以便可靠地锁紧；在从电控单元上连接或断开针状端口时，小心不要损坏针状端口，要确认电控单元上的针状端口没有弯曲或断裂。使用电路测试仪测量电控单元信号时，绝对不要使测试笔搭接，测试笔的意外搭接将会导致短路，损坏电控单元内的功率晶体管。

（2）检测项目和方法

1）ECU 端子电压检测。

① 用万用表检测蓄电池的电压，应大于或等于 11V，否则应充电后再测试。

② 从汽车上拆下发动机 ECU，但保持线束与 ECU 处于连接状态。

③ 将点火开关置于 ON 位置。

④ 将万用表置于电压档，并依次将万用表表笔从线束插头的导线一侧插入测量 ECU 各端子之间的电压，如图 8-8 所示。

⑤ 记录下各端子与搭铁之间的电压，然后查阅标准数据进行比较，如所测的电压与标准值不符合，则说明 ECU 或控制线路故障。

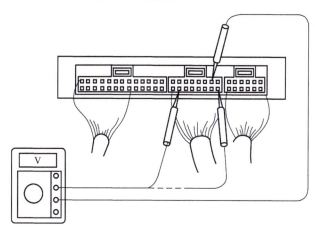

图 8-8　ECU 端子电压检测

2）ECU 端子电阻检测。

① 从汽车上拆下 ECU。

② 拔下 ECU 线束插头。

③ 用万用表测量导线插接器插头各端子的电阻，如图 8-9 所示。

④ 记录所测电阻值，并与标准值进行比较从而确定 ECU 控制线路是否正常。

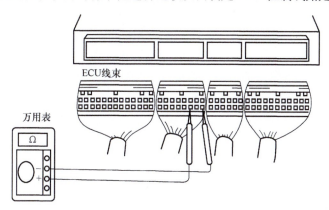

图 8-9　ECU 端子电阻检测

3）测量电流。集成电路工作时，各端子均流入或流出一定的电流，通过测量一些关键端子上的电流就可以大致判断 ECU 的工作情况。例如，电源脚一般处理弱信号电路时使用的电流不大，驱动输出电路的供电电流则较大。检测时，将电源脚断开，通电后测量电流，若为零，则表明 ECU 内部断路，若电流明显偏大，则表明内部有击穿、短路情况。

用上述几种方法检测 ECU 时，如一时无正常数据可供参考，也可采用对比测量法，即找一台同型车同部位进行测量后对比，以此来寻找故障部位。可直接用高阻抗的万用表对 ECU 线束端子进行测试，并将测得的 ECU 端子电位参数及传感器、执行器的电阻参数与相应的维修说明书上提供的标准数据进行比较，从而确诊故障。对比测量法速度较慢，而且要求测试人员对 ECU 各端子的位置及名称都比较熟悉。可采用专用的故障检测盒与万用表配套测量。使用时，拆开 ECU 插接器，将故障检测盒分别与 ECU 插接器插座（ECU 侧）和插接器线束侧插头相连接。这样故障检测盒的检测孔就与 ECU 各个端子相连接，其插孔号与 ECU 端子相对应，通过万用表对故障检测盒相应插孔的检测，就可得到 ECU 端子及其连接部件的检测数据，无须直接测量有关端子，使检测变得方便、快捷。

8.2 汽车电控系统电路检测

1. 汽车电路基本检查及注意事项

在检测汽车电路时，除在测试过程中另有说明外，一般不能使用指针式万用表检测汽车电控单元和传感器，应使用高阻抗的数字式万用表（阻抗应大于 10MΩ/V），最好使用汽车专用数字式万用表进行检测。

（1）插接器的操作注意事项

1）断开插接器时，先将啮合的两半紧捏在一起解开锁扣，然后按下锁爪分离插接器，如图 8-10 所示。

2）断开插接器时，不要拽拉线束。直接捏住插接器使其断开。

3）连接前，检查插接器有无变形、损坏、松动或端子丢失。

4）连接前，持续按住直至听到"咔嗒"一声。

5）如果用数字式万用表测试插接器，用测试笔从后面（线束侧）检查插接器。

如果无法从后侧检查防水插接器，须通过连接一个辅助线束来检查。不得移动插入的测试仪探头，以免损坏端子。

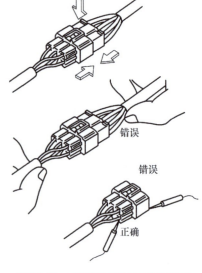

图 8-10　插接器的操作注意事项

（2）检查插接器

1）插接器闭合时挤捏插接器以确认其完全连接和锁住。

2）插接器断开时轻轻从插接器后侧拽拉线束进行检查，如图 8-11 所示。查找未锁定的端子、丢失的端子、松动的卷边或断掉的导线。目视检查是否有腐蚀、金属物质或杂质和水，以及弯曲、生锈、过热、污染或变形的端子。

3）检查端子的接触压力，准备备用的插头式端子。将其插入插座式端子，检查插入时以及完全进入后，是否有足够的压力，如图 8-12 所示。注意：必须使用镀金插头式端子来测试镀金插座式端子。

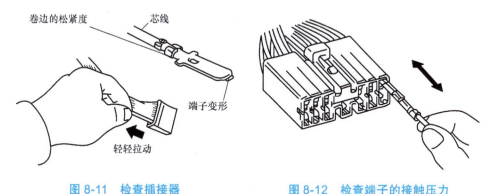

图 8-11 检查插接器　　　　图 8-12 检查端子的接触压力

（3）插接器端子的修理方法

1）如图 8-13 所示，如果端子上沾有异物，用空气枪或布清洁触头。切勿用磨砂纸摩擦触头，这样会刮掉电镀层。

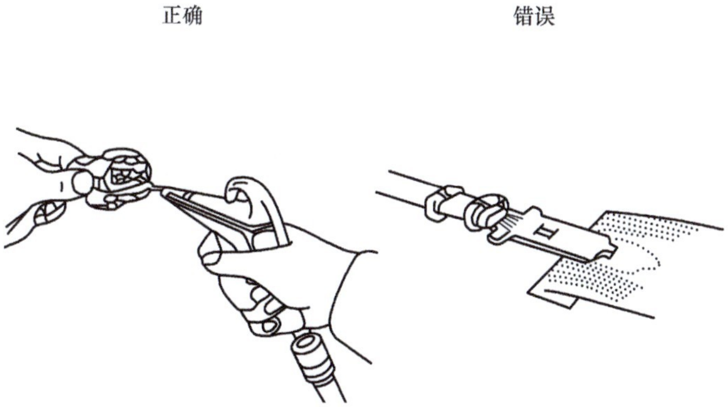

图 8-13 插接器端子的修理方法

2）如果有异常接触压力，更换插座式端子。如果插头式端子有镀金层（金色），应使用镀金插座式端子；如果为镀银层（银色），则使用镀银插座式端子。

3）更换已损坏、变形或腐蚀的端子。如果端子没有同壳体锁定，则需要更换壳体。

2. 汽车电路断路（开路）的检测

图 8-14 所示的汽车电路有断路故障，可用检测电阻或电压的方法来确定电路的断路部位。

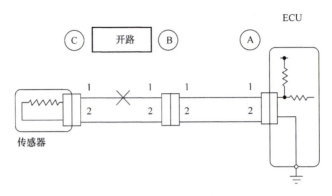

图 8-14　断路检查线路

（1）检测电阻的方法

1）断开插接器 Ⓐ 和 Ⓒ，测量插接器端子之间的电阻，如图 8-15 所示。若插接器 Ⓐ 端子 1 与插接器 Ⓒ 端子 1 之间电阻为 ∞，则它们之间存在断路（开路）。若插接器 Ⓐ 端子 2 与插接器 Ⓒ 端子 2 之间电阻为 0，则它们之间导通（无断路）。

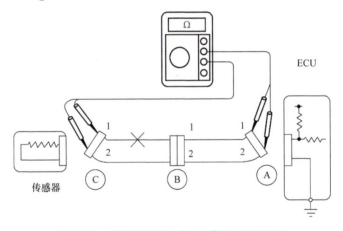

图 8-15　检测插接器 Ⓐ 和 Ⓒ 之间的电阻

2）断开插接器 Ⓑ，并测量插接器 Ⓐ 与 Ⓑ、Ⓑ 与 Ⓒ 之间的电阻值，如图 8-16 所示。若插接器 Ⓐ 端子 1 与插接器 Ⓑ 端子 1 之间电阻为 0，而插接器 Ⓑ 端子 1 与插接器 Ⓒ 端子 1 之间电阻为 ∞，则插接器 Ⓐ 端子 1 与插接器 Ⓑ 端子 1 之间导通，而插接器 Ⓑ 端子 1 与插接器 Ⓒ 端子 1 之间有断路故障。

（2）检测电压的方法

在 ECU 插接器端子施加有电压的电路中，可以通过检查电压来判断断路（开路）。在各个插接器都处于连接的状态下，在 ECU 输出端子电压为 5V 的电路中，如果依次测量插接器 Ⓐ 端子 1、插接器 Ⓑ 端子 1 和插接器 Ⓒ 端子 1 与车身（搭铁）之间的电压（图 8-17），测得的电压值分别为 5V、5V 和 0，则可判断在 Ⓑ 端子 1 和 Ⓒ 端子 1 之间有线路断路故障。

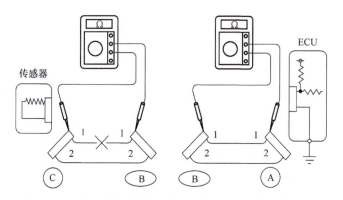

图 8-16 测量插接器 Ⓐ 与 Ⓑ、Ⓑ 与 Ⓒ 之间的电阻值

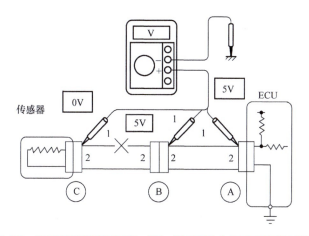

图 8-17 分别检测插接器 Ⓐ、Ⓑ、Ⓒ 端子 1 与车身之间的电压

3. 汽车电路短路的检测

1）如图 8-18 所示,如果线束对地短路,可通过检测对地电阻来查明短路的部位。

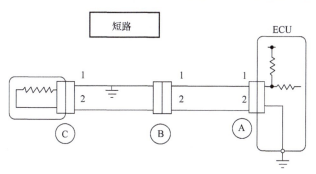

图 8-18 线束对地短路

2)断开插接器 A 和 C,测量插接器 Ⓐ 端子 1 和 Ⓐ 端子 2 与车身之间的电阻,如图 8-19 所示。如果测得的电阻值分别为 0 和 ∞,则插接器 Ⓐ 端子 1 与插接器 Ⓒ 端子 1 和车身之间有短路故障。

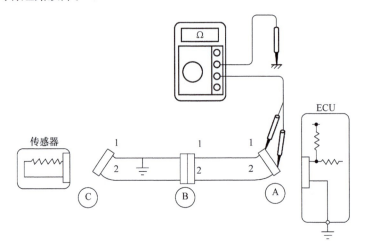

图 8-19 测量有无短路

3)断开插接器 Ⓑ,分别测量插接器 Ⓐ 端子 1 和插接器 Ⓑ 端子 1 与车身(搭铁)之间的电阻值,如图 8-20 所示。如果测得的电阻值分别为 ∞ 和 0,则可以判定插接器 Ⓑ 端子 1 与插接器 Ⓒ 端子 1 之间的线路与车身之间有短路(搭铁)故障。

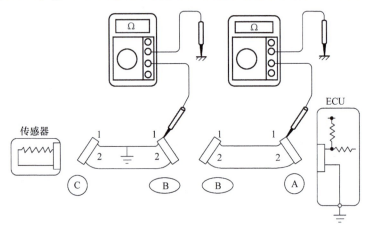

图 8-20 测量短路位置

第9章 交流发电机检测

9.1 交流发电机的结构原理

1. 交流发电机的结构

发电机基本结构由转子、定子、整流器和调节器总成、前后端盖、带轮等组成,如图 9-1 所示。

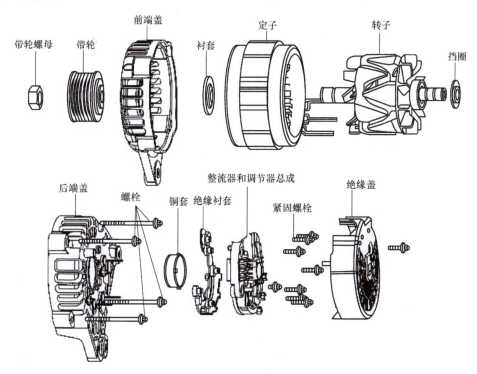

图 9-1 发电机基本结构

(1)发电机转子结构

发电机转子由铁心、励磁绕组(又称磁场绕组)、爪极和集电环组成,它的作用是产生磁场。爪极有两块,每块上有 6 个鸟嘴形磁极安装在转子轴上。爪极间的空腔内装有转子铁心和励磁绕组,励磁绕组绕在铁心上,铁心压装在两块之间的转子轴上,如图 9-2 所示。

集电环由互相绝缘的两个铜环组成,压装在转子轴的一端并与转子轴绝缘。励磁绕组的两端分别从内侧爪极上的两个小孔中引出,其中一端焊接在集电环的内侧铜环上,另一端则穿过内侧铜环上的小孔并焊接在外侧铜环上,两个铜环分别与发电机的两个电刷接触。当两个电刷与直流电源接通时,励磁绕组中便有电流通过,并产生轴向磁通,使一块爪极磁化为 N 极,另一块爪极磁化为 S 极,从而形成六对相互交错的磁极。

图 9-2　发电机转子结构

（2）发电机定子结构

如图 9-3 所示,定子由定子铁心和定子绕组组成,它的作用是产生感应电动势。定子铁心一般由相互绝缘且内圆带槽的环状硅钢片叠成,定子绕组为三相对称绕组,安装在定子铁心的槽内。三相绕组的连接方法采用星形联结,绕组引线端子共有 4 个,三相绕组各引一个,中性点引出一个。

图 9-3　发电机定子结构

（3）整流器和调节器总成结构

整流器和调节器总成的作用是将发电机定子绕组产生的三相交流电变换为直流稳压电。如图 9-4 所示,整流器一般由 6 只硅整流二极管及其散热板所组成。整流二极管的工作电流大、反向电压高。

交流发电机整流二极管有正极管和负极管之分，引出线为二极管正极的称为正极管，引出线为二极管负极的称为负极管。调节器主要调节发电机内部磁场电流的大小，转速低时调节的电流大，转速高时调节的电流小，从而使发电机可以输出稳压电。

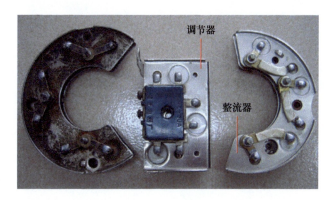

图9-4　整流器和调节器总成结构

（4）电刷总成结构

电刷总成由两只电刷、电刷弹簧和电刷架组成，如图9-5所示。两只电刷装在电刷架的孔内，借电刷弹簧的压力与集电环保持接触，用于给发电机转子绕组提供磁场电流。电刷架由酚醛玻璃纤维塑料模压而成或用玻璃纤维增强尼龙制成，安装在发电机的后端盖上。目前发电机的电刷架可直接从发电机的外部拆装，便于更换。

图9-5　电刷总成结构

2. 交流发电机的原理

（1）交流发电机的发电原理

1）发动机带动发电机内部转子旋转，产生旋转磁场。

2）如图9-6所示，磁场外发电机壳体（铁心）上固定有三组线圈（三相定子绕组），三相绕组彼此相隔120°。

3）当转子旋转时，旋转的磁场使固定的电枢绕组中通过的磁通量发生变化，而在定子电枢绕组中产生三相感应电动势，产生近似于正弦波形的交流电。

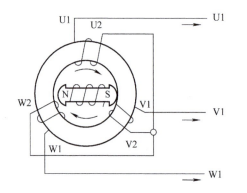 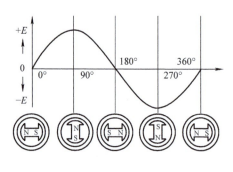

图 9-6 交流发电机原理示意图

（2）交流发电机整流原理

将交流电变成直流电的过程叫作整流。在汽车交流发电机中，就是利用整流器将发电机发出的三相交流电整流为直流电。发电机整流原理如图 9-7 所示。具体内容如下：

1）在 $t=0$ 时，$U_{U1}=0$，U_{V1} 为负值，U_{W1} 为正值，则二极管 VD3、VD5 获得正向电压而导通。电流从 W1 相出发，经 VD3、用电设备、VD5 回到 V1 相构成回路。由于二极管内阻很小，此时 W1、V1 之间的电压都加在负载上。

2）在 $t_1 \sim t_2$ 时间内，U1 相电压最高，V1 相电压最低，所以 VD1、VD5 处于正向电压下而导通，U1、V1 之间的电压加在负载上。

3）在 $t_2 \sim t_3$ 时间内，U1 相电压最高，W1 相电压最低，所以 VD1、VD6 处于正向电压下而导通，U1、W1 之间的电压加在负载上。

4）在 $t_3 \sim t_4$ 时间内，VD2、VD6 导通，V1、W1 之间的电压加在负载上。

5）这样反复循环，6 只二极管轮流导通，在负载端便得到一个较平稳的直流电压。此外，有些汽车发电机为了提高发电功率、提高电压调节精度，采用 8 管电路、9 管电路和 11 管电路等进行整流。

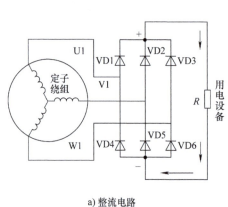 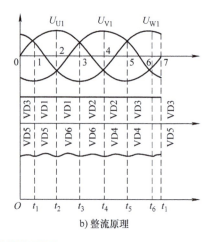

a) 整流电路　　　　　　　　　　　b) 整流原理

图 9-7 交流发电机整流原理

9.2 交流发电机的检测方法

1. 转子检测

（1）电阻测试

如图 9-8 所示，使用数字式万用表电阻档检测发电机集电环电阻，检测时将万用表置于"200"档，其正、负表笔分别接转子的两集电环，集电环之间电阻应为 1.5 ~ 2.5Ω。当测量电阻值为无穷大，则说明磁场绕组断路；当测量电阻值偏小，则说明磁场绕组匝间存在短路。

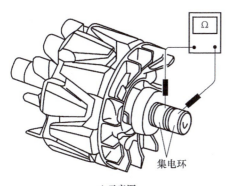

a) 示意图　　　　　　　　　　　　b) 实物图

图 9-8　测试集电环电阻

（2）绝缘体测试

如图 9-9 所示，用数字式万用表的红黑两支表笔分别压在集电环和壳体上，万用表上的读数应为无穷大，若导通说明磁场绕组有接地故障，应更换转子。

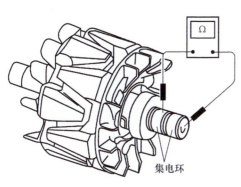

a) 示意图　　　　　　　　　　　　b) 实物图

图 9-9　集电环绝缘体测试

2. 定子的检测

1）如图 9-10 所示，使用数字式万用表电阻档检测定子绕组的电阻，检测时将万用表置于"200"档,分别测量三相定子绕组每两端之间的电阻值,应均相等,否则表明绕组内部有断路或短路故障。

2)如图9-11所示,将万用表旋转至电阻档,然后将红黑两支表笔一支压放在中性点N上,另一支放在定子壳体上,万用表上的读数应不变,否则说明三相绕组有接地故障,需更换或重新绕制。

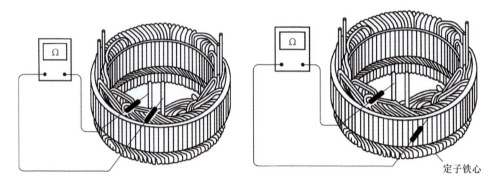

图9-10 定子绕组电阻的检测　　　　图9-11 定子绕组绝缘的检测

3. 整流器的检测

(1)整流正极管正向检测(图9-12)

将数字式万用表调到电阻"200"档位,黑表笔接整流器端子B,红表笔分别接整流器各接柱,均应导通。如果结果不符合要求,可能整流正极管损坏。

图9-12 整流正极管正向检测

(2)整流负极管正向检测(图9-13)

红表笔接整流器的端子"E",黑表笔分别接整流器各接柱,均应导通。如果结果不符合要求,可能是整流负极管损坏,需要更换。

图 9-13 整流负极管正向检测

4. 发电机电刷检测

（1）电刷的外观检查

如图 9-14 所示，检查电刷表面，应无油污，且应在电刷架中活动自如。电刷架应无烧损，破裂或变形。如有异常，必须更换电刷或电刷架。

（2）电刷的磨损检查

用钢直尺或游标卡尺测量电刷的长度（如丰田车型标准长度为 10.5mm）。如长度不符合规定，应更换电刷架总成。

（3）检查电刷的导通性

将数字式万用表调到电阻档位，测量两个电刷与外壳连接端，应导通。如不符合规定，应更换电刷架总成。

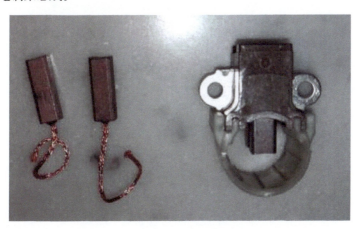

图 9-14 发电机电刷

第 10 章 起动机检测

10.1 起动机的结构原理

1. 起动机的结构

起动机由直流电动机、单向传动机构、电磁开关三大部分组成,如图 10-1 所示。起动机主要部件的作用如下:

1)直流电动机是将蓄电池提供的电能转换为机械能,产生机械扭力。

2)单向传动机构是在发动机起动时,使起动机的驱动齿轮与飞轮啮合,将直流电动机的转矩传递给发动机,而在发动机起动后,产生打滑作用防止电枢"飞散",并在打滑的状态下使驱动齿轮与飞轮齿圈脱离啮合。

3)电磁开关可接通和切断电动机与蓄电池之间的线路,并使单向传动机构的拨叉产生动作。

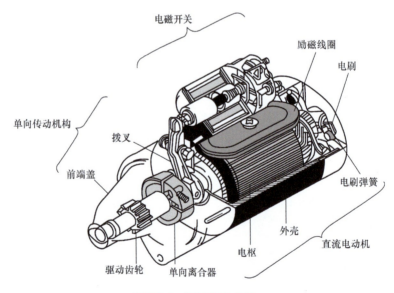

图 10-1 起动机的结构

2. 起动机的原理

如图 10-2 所示,起动机的工作可分为 3 个过程,具体如下:

1)当点火开关旋至起动档时,电流方向为蓄电池→点火开关→端子 50 →保持线圈→搭铁。此时吸引线圈也有电流通过。方向为蓄电池→点火开关→端子 50 →吸引线圈

→端子C→励磁线圈→电枢→搭铁。此时，吸引线圈和励磁线圈中的电流较小，电动机低速旋转。同时，吸引线圈和保持线圈中的磁场吸引活动铁心左移，使与活动铁心相连的拨叉拨动驱动齿轮和飞轮齿轮啮合。

2）当驱动齿轮与飞轮齿圈啮合后，与铁心连在一起的接触片将端子30和端子C接通，通过电动机的电流增大，电动机高速运转。此时由于吸引线圈两端电压相等，无电流通过。保持线圈产生的电磁力使活动铁心保持原位。此时电流方向为蓄电池→点火开关→端子50→保持线圈→搭铁；蓄电池→端子30→端子C→励磁线圈→电枢→搭铁。

3）当点火开关回到ON档时，切断了端子50上的电压，此时保持线圈和吸引线圈中的电流方向相反，因此电磁力消失。活动铁心复位，驱动齿轮与飞轮齿圈脱离，同时端子30和端子C间的电路中断，电动机停止转动，起动过程结束。

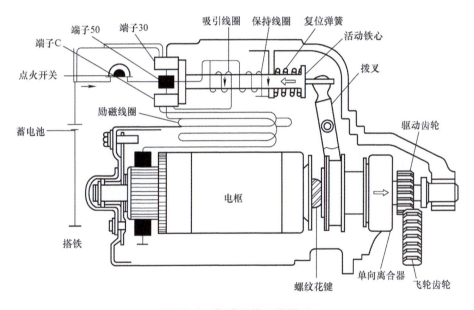

图 10-2　起动机的工作原理

10.2　起动机的检测方法

1. 检测起动机电枢轴

（1）检测电枢轴绝缘性

如图10-3所示，使用万用表检测换向器与电枢线圈之间的电阻，阻值应为无穷大。若阻值为零或有阻值，说明电枢线圈短路，应更换电枢轴。

（2）检测电枢线圈

如图10-4所示，用万用表两表笔依次与相邻换向器接触，其读数应一致。若读数不一致，说明电枢线圈断路，则更换电枢轴。

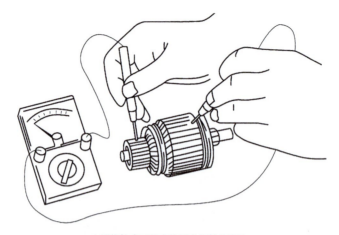

a) 用指针式万用表检测电枢轴绝缘性

b) 用数字式万用表检测电枢轴绝缘性

图 10-3　检测电枢轴绝缘性

图 10-4　检测电枢线圈

2. 检测起动机定子绕组

（1）检查定子绕组绝缘性

如图 10-5 所示，用万用表的两表笔分别接定子绕组的接柱和外壳进行检测。若检测的阻值为∞，则正常；若阻值为零，说明定子绕组有短路故障，应更换定子绕组。

图 10-5　检查定子绕组绝缘性

（2）检查定子绕组

如图 10-6 所示，将万用表置于电阻档位，测试接线柱与电刷之间的导通情况。如检测结果不导通，说明定子绕组内部断路，应更换定子绕组。

图 10-6　检查定子绕组

3. 检测起动机电刷

（1）检查电刷架的绝缘性

如图 10-7 所示，用万用表的电阻档位测试绝缘电刷架与电刷架座盖之间的阻值。正常阻值应为无穷大，否则说明电刷架绝缘体损坏，应更换电刷架。

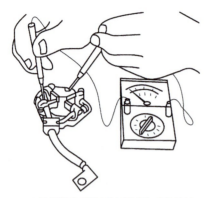 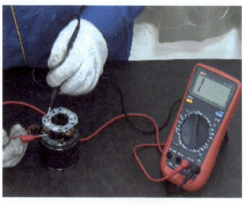

a) 用指针式万用表检测电刷架的绝缘性　　　　b) 用数字式万用表检测电刷架的绝缘性

图 10-7　检测电刷架的绝缘性

（2）检查电刷架的导通性

如图 10-8 所示，用万用表的电阻档位测试搭铁电刷架与电刷架座盖之间的阻值。正常阻值应为零，否则说明电刷架松动或搭铁不良，应更换电刷架。

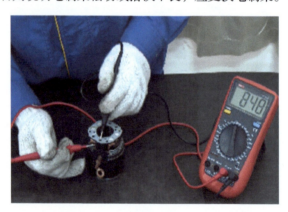

图 10-8　检查电刷架的导通性

4. 检测起动机电磁开关

（1）检测保持线圈

如图 10-9 所示，用万用表测量电磁开关 50 端子与壳体之间的电阻。若有电阻，说明保持线圈良好；若电阻为零，则为短路；若电阻无穷大，则为断路。

（2）检测吸拉线圈

如图 10-10 所示，用万用表检测电磁开关 50 端子与 C 端子之间的电阻。若有电阻，说明吸拉线圈良好；若电阻为零，则为短路；若电阻无穷大，则为断路。

（3）检测电磁开关工作情况

用手将接触盘铁心压住，让电磁开关上的电源端子 B 与起动机端子 C 连通，测量两端子间的电阻值，如图 10-11 所示。正常的电阻值应为零，否则为电磁开关接触不良，应更换电磁开关。

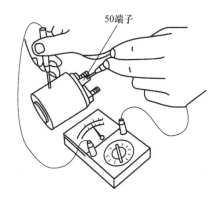
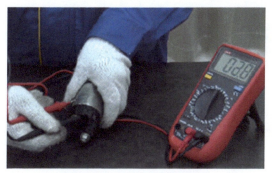

a) 用指针式万用表检测保持线圈　　b) 用数字式万用表检测保持线圈

图 10-9　检测保持线圈

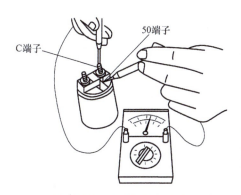
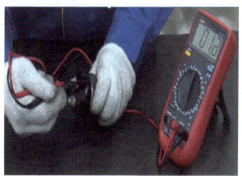

a) 用指针式万用表检测吸拉线圈　　b) 用数字式万用表检测吸拉线圈

图 10-10　检测吸拉线圈

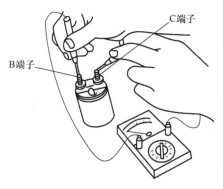

a) 用指针式万用表检测B与C之间的电阻值　　b) 用数字式万用表检测B与C之间的电阻值

图 10-11　检测端子 B 与端子 C 之间的电阻值

第 11 章 新能源汽车检测万用表

11.1 概述

万用表是新能源汽车维护中不可或缺的电器测量仪表，可用于测量或测试 AC/DC（交流/直流）电压和电流、电阻、电容、二极管等电量参数，FLUKE 1587 万用表还能测量温度、电频等参数（图 11-1），也可以进行绝缘测试。

图 11-1 FLUKE 1587 万用表

1. 仪表功能介绍

下面以应用广泛的 FLUKE 1587 新能源汽车检测万用表为例，介绍其功能。

（1）旋转开关

选择任意测量功能档即可启动仪表。旋转开关的选择功能如图 11-2 所示。

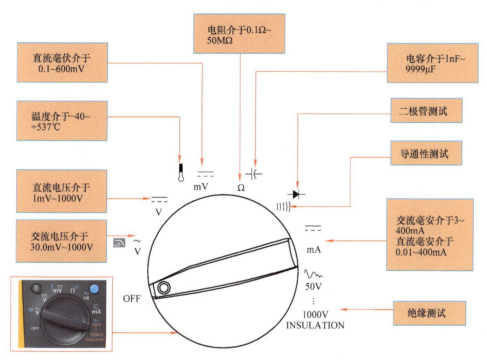

图 11-2　仪表旋转开关功能档

（2）按钮

使用仪表按钮可扩展旋转开关所选功能的特性。按钮功能如图 11-3 所示。

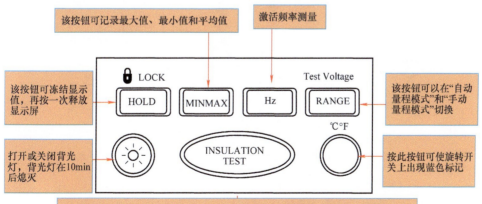

图 11-3　仪表按钮功能图

（3）显示屏

仪表显示屏指示符如图11-4所示。

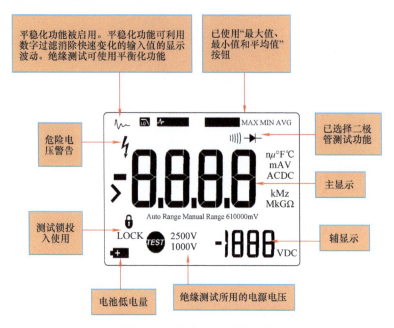

图11-4 仪表显示屏指示符

（4）仪表输入端子

仪表的输入端子如图11-5所示。

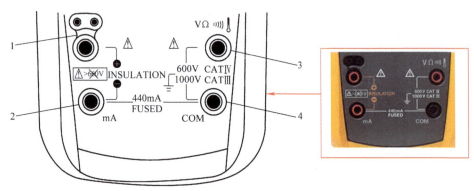

图11-5 仪表输入端子

1—"+"，用于绝缘测试的输入端子

2—"-"，用于绝缘测试的输入端子。用于400mA以内的AC（交流）和DC（交流）毫安测量，以及电流频率测量

3—用于电压、导通性、电阻、二极管、电容、电压频率及温度测量的输入端子

4—用于绝缘测试以外的所有测量的公共（COM）端子

2. 仪表使用注意事项

为了避免触电或人身伤害，应根据以下指南操作。

1)严格按仪表使用手册操作,否则可能会破坏仪表提供的保护措施。

2)如果仪表或测试导线已经损坏,或者仪表无法正常操作,请勿使用,应将仪表送修。

3)在将仪表与被测电路连接之前,始终选用正确的端子、开关位置和量程挡。

4)用仪表测量已知电压来验证仪表操作是否正常。

5)端子之间或任何一个端子与接地点之间施加的电压不能超过仪表上标明的额定值。

6)电压在 AC 30V rms(交流值均方根)、AC 42V(交流)峰值或 DC 60V(直流)以上时应格外小心。这些电压有造成触电的危险。

7)出现电池低电量指示符时,应尽快更换电池。

8)测试电阻、导通性、二极管或电容以前,必须先切断电源,并将所有的高压电容放电。

9)切勿在爆炸性气体或蒸气附近使用仪表。

10)使用测试导线时,手指应保持在保护装置后面。

11)打开机壳或电池门以前,必须先把测试导线从仪表上拆下。不能在未安装好仪表顶盖或电池门打开的情况下使用仪表。

12)在危险场所工作时,必须遵循当地及国家主管部门的安全要求。

13)在危险区域工作时,必须依照当地或国家主管部门的要求,使用适当的保护设备。

14)不要单独工作,维修时必须设专职监护人。

15)仅使用指定的替换熔丝来更换熔断的熔丝,否则仪表保护措施可能会遭到破坏。

16)使用前先检查测试导线的导通性。如果读数高或有噪声,则不要使用。

11.2 操作方法

在将测试导线与电路或设备连接时,先连接公共(COM)测试导线;当拆下测试导线时,要先断开带电的测试导线,再断开公共测试导线。

(1)测量交流和直流电压

交流和直流电压的测量方法如图 11-6 所示。

(2)测量温度

仪表可以测量设备随附的 K 型热电偶的温度,按"RANGE"键可以在摄氏度(℃)和华氏度(℉)之间切换。为了避免损坏仪表或其他设备,尽管仪表的额定值为 $-40 \sim 537℃$,但仪表所带的 K 型热电偶的额定值却为 260℃,要测量该量程以外的温度,应使用额定值更高的热电偶。温度的测量方法如图 11-7 所示。

(3)测量电阻

电阻的测量方法如图 11-8 所示。

(4)测量电容

电容的测量方法如图 11-9 所示。

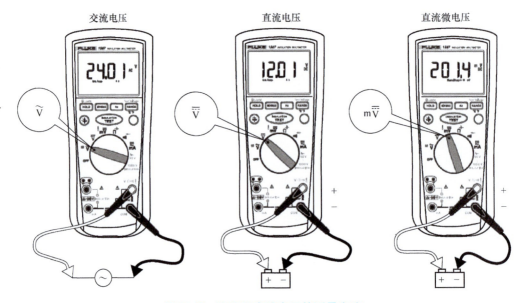

图 11-6 交流和直流电压的测量方法

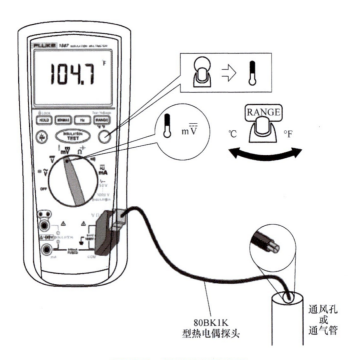

图 11-7 温度的测量方法

（5）导通性测试

导通性测试利用蜂鸣器的声音来表示电路导通。当检测到短路（电阻值在 25Ω 以下）时，蜂鸣器发出蜂鸣声。为了避免仪表或被测试设备损坏，测试导通性以前，必须先切断电路电源并将所有高压电容放电。导通性的测试方法如图 11-10 所示。

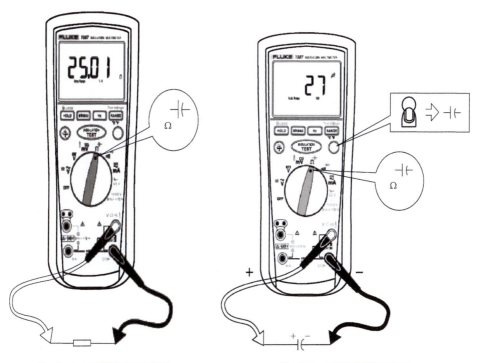

图 11-8　电阻的测量方法　　　　图 11-9　电容的测量方法

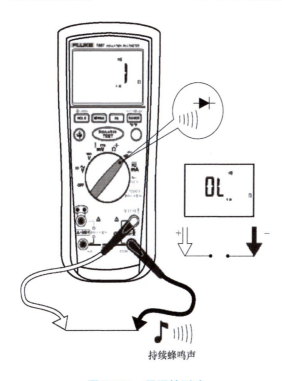

持续蜂鸣声

图 11-10　导通性测试

（6）二极管测试

二极管的测试方法如图 11-11 所示。

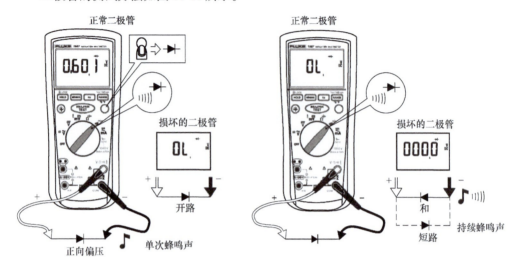

图 11-11 二极管的测试方法

（7）测量交流或直流电流

为了避免人身伤害或损坏仪表，务必遵守以下事项。

1）当开路电势至搭铁点之间的电压超过 1000V 时，切勿尝试在电路上测量电流。

2）测量电流之前，先检查仪表的熔丝。

3）测量时应使用正确的端子、开关位置和量程。

4）当导线插在电流端子上时，切勿把探头与任何电路并联。

电流测量方法如下：关闭（OFF）被测电路的电源，断开电路，将仪表以串联的方式接入，再启动（ON）电源，如图 11-12 所示。

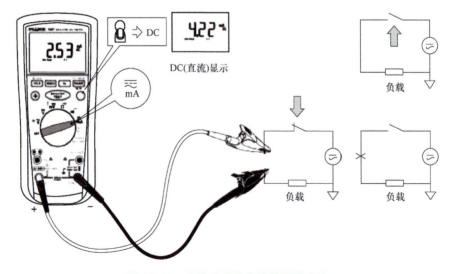

图 11-12 直流或交流电流的测量方法

(8) 测量频率

频率测量方法如图 11-13 所示。

1) 首先将表笔连接到信号源，然后将旋转开关转至 "$\widetilde{V}$、$\overline{\widetilde{V}}$ 或 $\overline{\widetilde{mA}}$" 位置。
2) 如果需要，可在 "$\overline{\widetilde{mA}}$" 位置上按蓝色按钮选择直流（DC）。
3) 按 "Hz" 按钮即可进行测试。再次按蓝色按钮或 "Hz" 按钮、调整旋转开关位置即可结束测量。

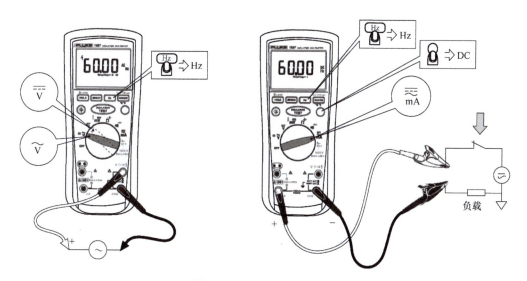

图 11-13　频率的测量方法

(9) 绝缘测试

绝缘测试只能在不通电的电路上进行。测试之前先检查熔丝。如图 11-14 所示，绝缘测试方法的步骤如下。

1) 将测试探头插入 "+" 和 "−" 端子。
2) 将旋转开关转至 "INSULATION"（绝缘）位置。当开关调至该位置时，仪表将启动电池负载检查。如果电池未通过测试，显示屏下部将出现 "电池" 符号，在更换电池前不能进行绝缘测试。
3) 按 "RANGE" 选择电压。
4) 将探头与待测的电路连接。仪表会自动检查电路是否通电。
5) 主显示区将显示 "----"，直到按下 "INSULATION TEST" 按键，此时将获得一个有效的绝缘电阻读数。
6) 如果电路电压超过 30V（交流或直流），主显示区将显示超过 30V 警告，同时显示高压符号，测试被终止，必须立即关闭电源。

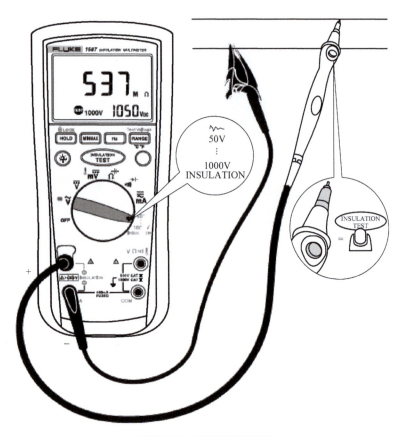

图 11-14 绝缘测试方法

参 考 文 献

[1] 李东江 . 汽车电控系统的万用表检测 [M]. 北京：机械工业出版社，2003.
[2] 林瑞玉 . 汽车万用表检测入门到精通 [M]. 北京：化学工业出版社，2014.
[3] 何金戈 . 汽车传感器原理与检修 [M]. 北京：化学工业出版社，2017.
[4] 董宏国 . 万用表检测汽车故障入门 [M]. 北京：化学工业出版社，2018.
[5] 杨维俊 . 图解汽车传感器维修技术 [M]. 北京：化学工业出版社，2017.
[6] 杨增雨 . 用思维导图学汽车万用表 [M]. 北京：电子工业出版社，2017.